日本语文教科书里的中国

[日] 堀诚 著
邹波 译

華東理工大學出版社
EAST CHINA UNIVERSITY OF SCIENCE AND TECHNOLOGY PRESS
·上海·

图书在版编目(CIP)数据

日本语文教科书里的中国 / (日)堀诚著；邹波译. — 上海：华东理工大学出版社, 2023.4

ISBN 978-7-5628-6857-6

Ⅰ. ①中… Ⅱ. ①堀… ②邹… Ⅲ. ①日语 - 阅读教学 - 教材②中华文化 Ⅳ. ①H369.39

中国版本图书馆CIP数据核字(2022)第117619号

策划编辑 / 王一佼
责任编辑 / 王一佼
责任校对 / 金美玉
装帧设计 / 居慧娜
版式设计 / 王　翔
出版发行 / 华东理工大学出版社有限公司
地址：上海市梅陇路130号，200237
电话：(021) 64250306
网址：www.ecustpress.cn
邮箱：zongbianban@ecustpress.cn
印　　刷 / 上海四维数字图文有限公司
开　　本 / 710mm × 1000mm　1/16
印　　张 / 13
字　　数 / 185千字
版　　次 / 2023年4月第1版
印　　次 / 2023年4月第1次
定　　价 / 50.00元

序 言

继2017年迎来中日邦交正常化四十五周年，2018年又迎来了《中日和平友好条约》缔结四十周年。在这个喜庆之年，笔者也幸运地申请到了学术假期。三月下旬开始的一年时间里，笔者在日本国内外进行了一系列调查研究、学术交流活动。承蒙相熟的师友、弟子们关照，笔者造访了中国西安、上海、常州、扬州、南京、济南、青岛、台北、武汉、绍兴、湖州、苏州、北京、成都、重庆，以及意大利那不勒斯等地，有幸获得各种“漫步”的机会。通过大学访问、教学交流、学术演讲、国际会议，笔者丰富了见闻，为研究注入了新的活力。

2019年，笔者回归正常教学科研工作。其间仍利用黄金周的长假、秋季的假期赴中国参加学术会议，进行学术交流。然而，2020年新年伊始，新冠肺炎疫情暴发后迅速蔓延。学校的毕业典礼、入学典礼被迫终止，教学也转为线上。在这种充满不确定性的境况中，笔者得到早稻田大学教育综合研究所“早稻田教育丛书”的大力协助，开始撰写这本《日本语文教科书里的中国》。在此，对克服种种困难，推进本项出版工作的早稻田大学教育综合研究所所长和田敦彦教授、副所长佐藤隆之教授表示敬意。

笔者曾在中国各地做过演讲，很多主题都融入了本书的章节中。现在，中国读者能够通过本书直接了解日本人如何通过语文教科书来了解、接受中国文化。笔者对此深感欣慰。尤其令笔者怀念的是，2011年3月11日东日本大地震之后，许多日本人引用诗句“国破山河在”抒发感情，以及后来笔者在与空海渊源深厚的西安青龙寺，看到护花标识“踩时花溅泪”化用了杜甫的诗句“感时花溅泪”。这些都让笔者深感古典文学不息的生命和价值。

最后，衷心希望拙著能对中国的读者有所助益。

堀 诚

2022年2月元宵节翌日

前　言

从 2019 年度开始，笔者所在的早稻田大学教育综合研究所开展了“以初高中国语[1]学科为中心的古典文学（古文、汉文）的融合性学习教材研究”系列活动。日本的小学从 2020 年度开始实施新版《学习指导纲要》，初中、高中分别从 2021 年度、2022 年度开始实施。在《学习指导纲要》从旧版向新版转换的过渡期，有必要再次确认新版《学习指导纲要》中的修改内容，重新审视教材与教学指导方法。迄今为止，教育综合研究所策划了一系列活动，如“关于汉字、汉字词、汉文教育方法的讨论”（2008—2009 年度）、“古典‘汉文’课文研究”（2014—2015 年度）、“中日相同语文课文研究”（2016—2017 年度）等，围绕国语学科的古典“汉文”，从教育方法、教材研究、教育实践等方面推进共同研究。研究活动进行期间，旧版《学习指导纲要》仍在施行。其间经历了《教育基本法》修订（2006 年）、《改定常用汉字表》发布（2010 年）等重大的社会性变革。共同研究的参与者的考察丰富多样，而且具有国际性视野。每个参与者的收获自不待言，共同研究也取得了相应的成果。

回顾这些共同研究的活动，笔者深感有必要对自己的研究进行总结。尤其在现今向新版《学习指导纲要》过渡的时期，为了推动以古典“汉文”为中心的研究活动，我们必须重新审视之前的研究工作，在新形势下建言献策。因此，笔者计划立足于在教育综合研究所开展的研究，以《日本语文教科书里的中国》为题撰写专著，幸获批准。

本书第一部以《唐诗与菅原道真的汉诗》为题，展开对杜甫、王维、日本诗人菅原道真诗歌的研究；第二部题为《中国小说与教材》，考察教材中的小说，如唐代传奇《人面桃花》、长期收录于多种教材中的中岛敦的《山月记》和鲁迅的《故乡》；第三部以《史传与豪杰》为题，从比较文学的视角对项羽、刘邦和源赖朝进行研究；第四部《文化与语言》研究如何通过“鸡鸣”“竹马”“扇”等关键词学习日本传统文化，以及汉字、汉字词、汉文的相关知识。这些研究是笔者在长期教学实践中的一点心得体会，还望方家不吝赐教。

堀　诚

注释

1. 译注：“国语”意为本国人民共同使用的语言。在日本，“国语”指“日语”。明治维新之后，“国语”成为学校教育的科目，意思相当于中国的“语文”。

目　录

第一部

唐诗与菅原道真的汉诗

第一章

日本语文教科书中的唐诗与杜甫

一、文学的纪念

2012年是芥川龙之介诞生一百二十周年、中岛敦逝世七十周年。这一年不仅与现代作家有缘，也与多部“古典”存在很深的联系。东日本大地震[1]引发了海啸、核事故，现代日本依然处在动荡之中。古代日本发生过安元大火、治承龙卷风、福原迁都、养和饥馑、元历大地震等灾害，鸭长明在《方丈记》中记录了这些重大事件。《方丈记》完稿于1212年3月，至今已经历八百余年的岁月。如果再上溯五百年，公元712年，由稗田阿礼口授、太安万侣执笔的《古事记》成书，中国盛唐的著名诗人杜甫诞生。换言之，一千三百年前，日本最古老的历史典籍《古事记》问世，与李白并称“李杜”的杜甫诞生。

这些都是文学领域的重要事件，日本为此策划、举办了各种纪念活动。为了纪念杜甫诞辰，中国国内自不待言，一衣带水的日本也举办了各种活动。和汉比较文学会第三十一届大会举办了纪念杜甫的公开演讲会“杜甫与日本——纪念杜甫诞生一千三百周年”[2]。中国诗文研究会也策划出版了《（纪念诞生一千三百周年）杜甫研究论集》[3]。通过这些活动，人们重新认识到，杜甫诞生于中国唐朝，而异国的日本读者却如此亲近他，喜爱他的诗篇。

二、传统文化教育

2012年，日本的学校教育正处于新版《学习指导纲要》（小学、初中：2008年；高中、特殊学校：2009年）实施与推行阶段。小学、初中、高中分别从2011年、2012年、2013年开始使用符合新版《学习指导纲要》的教科书。此次改版以充实当今社会的孩子的教育为宗旨，重视“传统文化教育”。2006年，《教育基本法》进行了时隔六十年的修订。《前言》的第二段这样写道：

为了实现这一理想，我们尊重个人的尊严，希求真理与正义，尊重公共的精神，期望培养具备丰富人性与创造性的人。与此同时，推进旨在继承传统、创造新文化的教育。

《教育基本法》第二条（教育目标）第五项明确规定：

培养以下精神：尊重传统与文化，热爱孕育传统与文化的国家与乡土；尊重他国，为国际社会的和平与发展贡献自己的力量。

基于此项目标，在国语[4]教育方面，规定从小学高年级开始加强学习“汉文[5]”，培养综合语言能力的“国语综合”被列为高中必修课程，所有高中生都必须学习古典文学。

然而，在这一政策制定之前，国立教育政策研究所于2007年公布了教育课程实施状况调查的结果，该调查于2005年在日本全国范围内实施。在“学生问卷调查”中，针对“是否喜欢古文”“是否喜欢汉文”的问题，选择“不喜欢”和“基本不喜欢”这两个否定回答的学生比例，古文是72.7%，汉文是71.2%；而在2002年度的同题调查结果中，古文是74.8%，汉文是70.5%。可以说，数值一直居高不下。讨厌古文、讨厌汉文的学生都超过七成，这一数值高居榜首，超过了物理、数学、外语等主要科目。许多日本人对这一结果感到震惊和困惑，不知该如何思考日本国语教育，尤其是古典文学教育。

在上述新教育环境中，教科书如何选择古典汉文课文？学校如何教授杜甫的作品？现如今，国语综合成为高中必修课程，学生必须学习古典文学。

笔者想在这样的环境中，从国语教育的视角思考杜甫及其诗歌。

三、小学篇目

2008年3月，《小学学习指导纲要》颁布。在第二章《各学科》第一节“国语”第二小节“各学年的目标及内容”中，关于第五、第六学年的传统语言文化教学，提出了以下要求：

（1）对于易读的古文与汉文、近代之后的古文文体的文章，能大致了解其内容并诵读。

（2）能阅读古典文学的解说性文章，了解古人对事物的看法和感受。

《小学学习指导纲要解说 · 国语篇》（2008年6月）第一章《总论》第三节“国语学科修订要点”第五条“重视传统语言文化的相关指导”指出：“例如，低年级采用民间故事、神话传说等，中年级采用浅易的古文文体的短歌、俳句、惯用句、故事成语[6]，高年级采用古文、汉文等。”纲要指示要按照“低、中、高”的层次逐步推进教学。《小学学习指导纲要》在2011年开始全面实施，由此催生了重视小学高年级朗读、背诵“易读的古文、汉诗与汉文”的古典文学学习环境。具体而言，高年级的教科书，大致分为五年级或六年级分别学习和五、六年级一贯制学习两种。那么，教科书中都有哪些汉文篇目呢？

在五种小学教科书中，五年级集中学习汉诗、汉文的是教育出版（出版社）的《语言拓展 · 小学国语5上》。在《三　品味日语的回响（文化）》之“亲近汉文”中，收录了日本人熟悉的《春晓》（孟浩然）、《静夜思》（李白）以及《温故而知新》（《论语》）、《心不在焉》（《大学》）等篇目；在“阅读汉文”中，收录了《春夜》（苏轼）、《江南春》（杜牧）、《山亭夏日》（高骈），以及《论语》中的《学而时习之》《三十而立》等篇目，体现出选篇的层次性。

与此相对，六年级学习汉文的有东京书籍（出版社）的《新国语六上》。“日本的语言”之“读读汉文”栏目中，将“百闻不如一见”这个成语作为导入语，简明地引入汉文；在“大声朗读”栏目中，收录了出自《论语》的《闻一知十》《温故而知新》，圣德太子的“一曰，以和为贵，无忤为宗”，以及孟浩然的《春晓》。

学校图书（出版社）的《小学国语六年级上》中收录了汉文。“品味汉诗”栏目将“岁月不待人”作为导入语，引入“汉诗名句”，收录了一首高启的《寻胡隐君》。

五、六年级一贯制学习汉文的，有光村图书（出版社）和三省堂（出版社）的教科书。光村图书（出版社）在《国语五 · 银河》之“诵读《论语》”中，收录了《己所不欲》《过而不改》《学而不思则罔》等名篇，在《国语六 · 创造》的“季节之语”栏目之“秋近人”中，收录了李白的《静夜思》。每个年级没有特意安排导入语，而是直接出现课文。

三省堂（出版社）采用每学年两册（教科书和参考资料）的形式。五年级的参考资料《小学五年级国语　拓展学习》之“读书时间 · 汉诗”中，收录了杜甫的《绝句》和孟浩然的《春晓》。六年级的教科书《小学六年级国语》之“大声诵读——汉文（语言文化）”中引入汉文，收录了与出版社社名相关的《吾日三省吾身》，以及《温故而知新》《仁者必有勇》《己所不欲》诸篇。与教科书相比，参考资料中实质性内容有所欠缺。

从以上的情况来看，日本《国语》教科书采用的篇目中《论语》为数不少。汉诗仅收录绝句，没有明显体现出对特定作品的倾向性。不过考虑到有很多篇目也收录在初中和高中的教材中，我们可以认为小学阶段的学习具有很强的铺垫、引导作用[7]。杜甫的诗歌仅有一首，出现在三省堂（出版社）的参考资料中。

两社收录：

《静夜思》（李白）（教育出版、光村图书）

《春晓》（孟浩然）［东京书籍、三省堂（参考资料）］

一社收录：
《寻胡隐君》（高启）（学校图书）
《春夜》（苏轼）（教育出版）
《江南春》（杜牧）（教育出版）
《山亭夏日》（高骈）（教育出版）
《绝句》（杜甫）［三省堂（参考资料）］

除了这些教材，还有一套特殊的教材，那就是东京都世田谷区的小学使用的《日本语》。世田谷区在 2004 年被认定为结构改革特区（世田谷《日本语》教育特区），区教委会编撰的国语教材于 2007 年 3 月出版，每两个年级一册，共三册。从一年级的“感受日语的音韵与节奏”栏目开始，便让学生接触《论语》和汉诗。该教材中一共收录了 25 首汉诗。

一年级 2 首：
《寻胡隐君》（高启）、《绝句》（杜甫）

二年级 3 首：
《春晓》（孟浩然）、《竹里馆》（王维）、《静夜思》（李白）

三年级 5 首：
《江南春》（杜牧）、《客中初夏》（司马光）、《秋风引》（刘禹锡）、《独坐敬亭山》（李白）、《鹿柴》（王维）

四年级 5 首：
《送元二使安西》（王维）、《早发白帝城》（李白）、《望庐山瀑布》（李白）、《山行》（杜牧）、《黄鹤楼送孟浩然之广陵》（李白）

五年级 5 首：
《偶成》（朱熹）、《秋日》（耿湋）、《芙蓉楼送辛渐》（王昌龄）、《江亭》（杜甫）、《香炉峰下新卜山居草堂初成偶题东壁》（白居易）

六年级 5 首：
《枫桥夜泊》（张继）、《哭晁卿衡》（李白）、《春望》（杜甫）、《桂林庄杂咏》（广濑淡窗[8]）、《春暮》（良宽[9]）

日本的小学教科书中，选录的中国诗歌最多不过三首。而东京都世田谷区的小学所使用的《日本语》，无论是汉诗还是《论语》，收录的数量都远多于其他教材[10]，可以认为该区积极地让学生接触中国的古典文学。李白的诗歌收录最多，共六首。杜甫的诗歌，有一年级的《绝句》、五年级的《江亭》、六年级的《春望》。而其他出版社的教科书中，只有一本收录了杜甫的《绝句》。值得注意的是，被所有初中国语教科书采用的《春望》，出现在该区小学六年级的教材中。

四、初中篇目

2008 年 3 月公布的《初中学习指导纲要》第二章《各学科》第一节“国语”第二小节“各学年的教学目标及内容”中，关于第一学年的传统语言文化教学，提出了以下要求：

（1）了解文言规则及训读[11]方法，诵读古文与汉文，品味古典文学特有的节奏，同时接触古典文学的世界。
（2）了解古典文学中存在丰富多样的作品。

上述要求衔接了小学阶段的学习内容。从第二学年开始，“古文与汉文”的讲法消失，而集中使用“古典文学”一词，要求在“接触”的基础上，引导学生“欣赏”古典文学：

（1）诵读时表现出作品特征，享受古典文学世界的乐趣。

（2）接触古典文学中对事物的观点、看法，想象出场人物与作者的思想等。

第三学年则进一步指导学生亲近“古典文学的世界”，并活学活用[12]：

（1）阅读古典文学时注意作品的历史背景，亲近其世界。

（2）引用古典文学的一节，撰写关于古典文学的简单文章。

2012年，新版《初中学习指导纲要》开始实施。五种初中国语教科书在第一学年都以故事成语的形式引入汉文。五家出版社采用了《自相矛盾》（《韩非子》），其中一家还增加了一篇《五十步笑百步》。第二、第三学年的教科书中，除了故事成语，还增加了汉诗，采用的篇目均为中国古典文学的精华“唐诗”。在哪个学年讲授汉诗并不统一，第二学年讲授汉诗的有光村图书（出版社）、东京书籍（出版社）、三省堂（出版社）；第三学年讲授汉诗的有教育出版（出版社）、学校图书（出版社）。

光村图书（出版社）的《国语2》中，《5　探访古老的心灵》之“汉诗·解说”由《汉诗的风景》《关于律诗》构成。石川忠久先生所写的《汉诗的风景》，也是基于旧版《学习指导纲要》的教科书中使用的篇目。《国语2》删除了日本诗人广濑淡窗的《桂林庄杂咏》，保留了《春晓》（孟浩然）、《绝句》（杜甫）、《黄鹤楼送孟浩然之广陵》（李白）三首诗，并进行相应的解说。因为这三首都是绝句，所以专门收录了《关于律诗》一文，以《春望》（杜甫）为例进行讲解，进一步深化学生对唐诗的认识。

东京书籍（出版社）的《新国语2》“汉诗”中，通过《春望》（杜甫）、《黄鹤楼送孟浩然之广陵》（李白）介绍汉诗，让学生在把握诗中的情景、作者的心情，学习汉诗表达特征的同时，体会汉诗的乐趣。“参考资料”中收录了日原传先生撰写的《汉诗的世界》，意在推动学生深入学习，阅读汉诗、体会汉诗。

三省堂（出版社）的《初中国语一年级》教科书在开头的栏目“传统语言文化：体会语言文化的乐趣”之“大声朗读各种作品”中，收录了《春晓》（孟浩然）。《初中国语二年级》教科书开头的栏目“传统语言文化：体会语言文化的乐趣”之“汉诗的世界”以一年级的学习内容作为引导。收录三首唐诗：《黄鹤楼送孟浩然之广陵》（李白）、《春望》《绝句》（杜甫）。这三首诗提示学生“想象情景与作者的心情，用心朗读，体会汉诗的韵味”。而且，每个学年另附参考资料《学习拓展》，在“语言文化篇”之“诗歌朗读背诵”中，一年级收录《早发白帝城》（李白），二年级收录《鹿柴》（王维），三年级收录《江南春》（杜牧），作为拓展的朗读背诵材料。

在第三学年教授汉诗的有两家出版社。学校图书（出版社）的《初中国语3》的“4 面向现在”之“汉诗（汉文）”中收录三首唐诗《春望》（杜甫）、《送元二使安西》（王维）、《静夜思》（李白），尝试让学生理解诗歌的内容、情景、心情，并反复诵读。诗歌的引入方法别具特色，积极地提示了日本人接触、接受这些诗歌，受其影响的事实。

教育出版（出版社）的《交流的语言 初中国语 3》在“阅读”栏目中的“传统文化”之“春天的山河（汉诗）”中收录了李杜的两首诗歌：《黄鹤楼送孟浩然之广陵》（李白）、《春望》（杜甫）。“路标：学习指南”提示学生了解诗歌的形式，背诵时注意词语的音韵与节奏，阅读时注意词句的妙用、表达的匠心，对汉诗中关于自然与人生的感悟发表自己的感想。“关于汉诗”中介绍了诗的基本知识，如绝句、律诗、起承转合、押韵、对偶等。此外，还设立专栏“李白与杜甫”。

综上所述，初中国语教科书中仅收录五位诗人的 9 首诗歌。

五社收录：

《春望》（杜甫）（光村二年级、东书二年级、三省二年级、学图三年级、教出三年级）

四社收录：
《黄鹤楼送孟浩然之广陵》（李白）（光村二年级、东书二年级、三省二年级、教出三年级）

两社收录：
《绝句》（杜甫）（光村二年级、三省二年级）
《春晓》（孟浩然）（光村二年级、三省一年级）

一社收录：
《送元二使安西》（王维）（学图三年级）
《静夜思》（李白）（学图三年级）
《早发白帝城》（李白）［三省一年级（参考资料）］
《鹿柴》（王维）［三省二年级（参考资料）］
《江南春》（杜牧）［三省三年级（参考资料）］
［光村：光村图书（出版社）；东书：东京书籍（出版社）；三省：三省堂（出版社）；学图：学校图书（出版社）；教出：教育出版（出版社）］

从诗歌的形式来看，除了杜甫的《春望》，其余都是绝句。《春望》不仅是唯一的律诗，而且是五家出版社都使用的篇目，地位非常稳固，让人十分惊讶[13]。这也可以说是初中汉诗选篇结构的一个重要特征。

对于汉诗这一中国古典文学形式，初中教材具有引导学生入门的重要意义。不难推测，《春望》之所以被收进教科书，是因为诗歌蕴含了战争的破坏与自然的坚韧，两相对比之下，个人内心所产生的深深的感怀。杜甫的诗歌在引导学生接触汉诗，尤其是律诗方面产生了重要的作用。它作为将中国诗歌的意象移植到日本文学风土中的桥梁，会成为不断成长的文本。我们也有必要考虑，如何将课文融会贯通，使其发挥更大效果。

五、高中篇目

2009年3月颁布的《高中学习指导纲要》于2013年正式实施，其中规定“国语综合”为“共通必修课程”，这也就要求学生“全面掌握本科目的基础内容，培养综合语言能力”。五门选修课程“国语表达”“现代文A”“现代文B”“古典文学A”“古典文学B”，原则上在学完“国语综合”之后修读。《高中学习指导纲要》第二章《各类高中的共通课程》第一节“国语”第二款“各科目”第一条“国语综合”中，对于“阅读”提出了以下要求：

（1）教授古典文学的课时与教授近现代文章的课时数大致相当，根据学生的实际情况进行合理分配。而且，古典文学中古文与汉文的比例，不可偏重一方。

（2）为了深入阅读文章，学生应采用朗读、朗诵、背诵等方式。

如上所示，《高中学习指导纲要》明确规定了“国语综合”的“古典文学”中“古文”与“汉文”的比例，不允许出现不修读“汉文”的偏科情况[14]。

“国语综合”被设定为必修课程，是新版高中学习指导《纲要》的特色之一。其重要意义在于，高中国语教学中“古典文学”成为必修项目。因此，在教学环境趋向多元的情况下，我们有必要通过使课文本身具有一定的灵活性，精简课文数量等手段，应对现实情况。初高中一贯制的教育环境已成为现实，在这样的情况下新教科书收录了哪些诗篇，作品的选择与安排也是受到关注的问题。而且“古典文学A”“古典文学B”之间课文的联动也是重要的课题。

共有九家出版社的共计23种《国语综合》教科书被审定合格并出版。而教科书中收录的古诗共36首[15]。以下汇总了23种教科书，括号内为后文中使用的简称：

筑摩书房（出版社）：
《精选国语综合》（筑摩①）、《国语综合》（筑摩②）

明治书院（出版社）：
《高中国语综合》（明书①）
《精选国语综合·古典文学篇》（明书②）

教育出版（出版社）：
《国语综合·汉文篇》（教育①）
《新编国语综合 欢迎来到语言的世界》（教育②）

大修馆书店（出版社）：
《国语综合·现代文篇·古典文学篇》（大修①）
《精选国语综合》（大修②）《新编国语综合》（大修③）

第一学习社（出版社）：
《新订国语综合·古典文学篇》（第一①）
《国语综合》（第一②）、《标准国语综合》（第一③）
《新编国语综合》（第一④）

东京书籍（出版社）：
《新编国语综合》（东书①）
《精选国语综合》（东书②）

三省堂（出版社）：
《高中国语综合》（三省①）
《精选国语综合》（三省②）
《明解国语综合》（三省③）

数研出版（出版社）：
《高中国语综合》（数研①）
《国语综合·现代文篇、古典文学篇》（数研②）

桐原书店（出版社）：
《国语综合》（桐原①）
《探求国语综合·古典文学篇》（桐原②）

以下是唐诗收录情况：

九社 21 种教科书收录：
《送元二使安西》（王维）（筑摩①②、第一①②③④、数研①②、桐原①②、三省①②、东书②③、明书①②、教育①②、大修①②③）

七社 16 种教科书收录：
《江雪》（柳宗元）（筑摩①②、东书①②③、大修①②③、三省①②、明书①②、教育①②、第一①②）

七社 15 种教科书收录：
《静夜思》（李白）（筑摩①②、三省①②③、明书①②、数研①②、大修①、东书③、第一①②③④）

七社 13 种教科书收录：
《凉州词》（王翰）（三省①②③、数研①②、桐原①②、教育①、筑摩①②、东书②③、大修①）、
《春晓》（孟浩然）（筑摩①②、东书①②③、三省①②、明书①②、教育②、第一③④、大修③）

七社 11 种教科书收录：
《登鹳雀楼》（王之涣）（数研①②、桐原①②、教育①、三省①、第一①②、东书②、大修①②）

六社 15 种教科书收录：
《春望》（杜甫）（筑摩①②、明书①②、三省①②、东书②③、大修①②③、第一①②③④）

六社 11 种教科书收录：
《八月十五日夜禁中独直对月忆元九》（白居易）（桐原①②、明书①②、三省②、筑摩①②、东书②③、第一①②）

五社 10 种教科书收录：
《香炉峰下新卜山居草堂初成偶题东壁》（白居易）（三省①②、数研①②、大修①②、教育①②、第一③④）

三社 6 种教科书收录：
《绝句》(杜甫)(筑摩①②、桐原①②、大修①②)
《山行》(杜牧)(东书①、大修①②③、数研①②)
《早发白帝城》（李白）（教育①②、桐原①②、数研①②）

三社 5 种教科书收录：
《江南春》(杜牧)(三省①③、教育①、第一①②)
《月夜》（杜甫）（三省③、数研①②、第一①②）

三社 4 种教科书收录：
《山亭夏日》（高骈）（筑摩①、明书①②、东书①）
《黄鹤楼送孟浩然之广陵》（李白）（三省②、第一①②、东书②）

两社 3 种教科书收录：
《登高》（杜甫）（数研①②、三省①）
《送友人》（李白）（筑摩①②、桐原②）
《秋夜寄丘二十二员外》（韦应物）（筑摩①②、大修③）

两社 2 种教科书收录：
《登岳阳楼》（杜甫）（桐原②、三省②）

一社 2 种教科书收录：
《旅夜书怀》（杜甫）（教育①②）
《春夜洛城闻笛》（李白）（大修①②）
《枫桥夜泊》（张继）（桐原①②）
《望庐山瀑布》（李白）（东书②③）
《赠别》（杜牧）（筑摩①②）

两社 1 种教科书收录：
《春夜喜雨》（杜甫）（东书①）
《回乡偶书》（贺知章）（筑摩①）
《劝酒》（于武陵）（三省③）
《九月九日忆山东兄弟》（王维）（东书①）
《山中与幽人对酌》（李白）（大修③）
《赠汪伦》（李白）（东书①）
《代悲白头翁》（刘廷芝）（大修①）
《竹里馆》（王维）（东书②）
《登乐游原》（李商隐）（大修③）
《芙蓉楼送辛渐》（王昌龄）（东书③）
《临洞庭》（孟浩然）（三省①）

按照收录的诗人诗歌数进行统计，李白有8首，杜甫有7首，远高于其他诗人。

8首：
李白（《静夜思》《早发白帝城》《黄鹤楼送孟浩然之广陵》《送友人》《春夜洛城闻笛》《望庐山瀑布》《山中与幽人对酌》《赠汪伦》）

7首：
杜甫（《春望》《绝句》《月夜》《登高》《登岳阳楼》《旅夜书怀》《春夜喜雨》）

3首：
王维（《送元二使安西》《九月九日忆山东兄弟》《竹里馆》）
杜牧（《山行》《江南春》《赠别》）［二人］

2首：
孟浩然（《春晓》《临洞庭》）
白居易（《香炉峰下新卜山居草堂初成偶题东壁》《八月十五日夜禁中独直对月忆元九》）［二人］

1首：
韦应物（《秋夜寄丘二十二员外》）、于武陵（《劝酒》）
王翰（《凉州词》）、王昌龄（《芙蓉楼送辛渐》）
王之涣（《登鹳雀楼》）、贺知章（《回乡偶书》）
高骈（《山亭夏日》）、张继（《枫桥夜泊》）
李商隐（《登乐游原》）、柳宗元（《江雪》）
刘廷芝（《代悲白头翁》）［十一人］

《全唐诗》共收录唐代诗人二千九百余人的约五万首诗。“国语综合”教科书中仅收录以李杜为中心的十七位诗人的 36 首诗。虽说教科书处于学校教育的大环境之下，但是所收录的作家与作品过于同质化。

初中教科书里，所有出版社都选用了杜甫的《春望》，可以说是经典篇目。而在出版高中“国语综合”教科书的九家出版社中，有六家的 15 种教材也选用了《春望》。在高中教材中再次遇见《春望》，能够期待学生学到什么新东西呢？初高中的衔接学习能带给学生怎样的收获？这是非常值得注意的课题。

六、李白、杜甫与古典文学

总览初高中的汉诗选篇，可以发现是以李杜为中心的。教育出版《交流的语言　初中国语 3》的专栏“李白与杜甫”中这样写道：

> 李白和杜甫都是唐代的代表性诗人。他们大致生活在同一时代。李白比杜甫年长十一岁，两人曾亲密交往。
>
> 李白性格无拘无束、自由奔放，诗歌也多运用想象力丰富的表达方式。他写过名句“白发三千丈”，来形容自己年老时的头发。三千丈大约有九千米。杜甫十分敬仰诗文不拘一格的李白，曾写诗赞美李白。

其中没有介绍杜甫诗歌的特征，而是谈及李白诗歌表现的特点、杜甫对李白的敬爱以及对李白诗歌的赞美。

这一点不仅体现在初中教科书中，而且也可以在高中教科书中找到相应的内容。高中的“国语综合”类教科书中，桐原书店（出版社）的《国语综合》和《探求国语综合》（古典文学篇和汉文篇）摘录了松浦久友先生的《古典的魅力——从现代回望》[16]。这篇文章是新收录的课文，内容与李杜的交往有关，先分析汉诗的主题特征——作品中常见男性之间的友情，然后谈及两人友情的呼应——李白写过《鲁郡东石门送杜二甫》，杜甫写过《春日忆李白》，这两首诗仿佛让友情超越了时空的距离。

亲近古典文学，感受其魅力，不能局限于本国文学的框架之中，立足于比较文化、比较文学的高度，保持宏观的视野，这也是有效的手段。在文章的结尾部分，作者提出了一个问题：“为什么在汉诗的世界里，友情格外受到重视呢？”

> 那是因为，中国拥有数千年激荡巨变的历史，王朝频繁更替。知识分子为了获得安定的生活，不能仅仅依靠由血缘、宗族建立的先天的、生理性的相互扶持体制，由友人、熟人建立的后天的、社会性的相互扶持机制非常重要。

这段文字参照对比日本的友情，让读者实际感受到了中国的世界观。解读汉诗也打开了理解本国文化的窗户。怀抱对友情的认识，从比较文化的视角宏观地描绘出诗歌里的中国特征。这种高屋建瓴的考察所具有的意义，非常具有启发性。可以说，这篇与汉诗相关的近代之后的文章，是一篇内涵深厚、发人深思的课文。

七、课文之间的联动

就课文而言，能否提升学习兴趣，以及能否与后续课文建立联系十分关键。课文要考虑其对每个个体成长的意义，培养学生作为人格底色的教养，拓展他们未来发展的可能性，丰富他们的表达空间。

学校图书（出版社）《小学国语六年级　上》的“品味汉诗”，开篇就对学习者提出这样的问题：“在学校的典礼等正式场合，有没有听过人们在寒暄时引用‘岁月不待人’等来自中国古典文学的典故？”文章继续说道：“中国的古典文学渗透进日本人的生活之中。尤其是汉诗的名句，因为朗朗上口而时常被引用。”随后引入高启的《寻胡隐君》。发现学习古典文学的意义，对于激发学习兴趣十分重要。提升学习兴趣，是小学、初中、高中都要面对的重要命题。

同样，在学校图书（出版社）《初中国语 3》的“4　面向现在”之《汉诗（汉文）》中，通过《春望》（杜甫）、《送元二使安西》（王维）、《静夜思》（李白）三首古诗，尝试让学生理解诗歌的铺陈方式、诗中的情景与诗人的心境，并要求学生反复诵读。书中引入诗歌的方式很有特色，积极地提示了日本人接触、接受汉诗，并受其影响的事实。

“国破山河在”——松尾芭蕉[17]在平泉目睹藤原氏[18]灭亡后的景象，心中浮现的是千年前的中国诗歌，即汉诗的名句。汉诗与中文一样，在久远的古代传到日本。那种充满异国情趣的音韵、感受和描摹事物的方式，想必让当时的日本人感受到了和歌中没有的新鲜感。在此，让我们阅读包括芭蕉在内的我们的祖先遇见、被吸引并深受其影响的三首作品吧。

为承接上述的导入内容，让学生确认“汉诗对古代日本人及古典文学的影响”，在“汉诗（汉文）”之后，下一篇课文是《语言看见的风景——〈奥州小道〉松尾芭蕉》。课文中选用了《奥州小道》的《启程》和《平泉》两节。《平泉》的开篇是“三代荣耀一睡中，大门遗迹一里外（三代の栄耀一睡の中にして、大門の跡は一里こなたに有）”。“一睡”与“黄粱一炊の夢（黄粱美梦）”中的“一炊”谐音，隐喻睡梦之短暂。而成语“黄粱美梦”源自唐代传奇小说《枕中记》，《平泉》的后文中如此写道：

忠臣义士守城池，功名一时荒草萋。国破山河在，城春草色青。余席笠以坐，潸然而泪下。

“国破山河在，城春草色青”旁添加有脚注：“注意汉诗《春望》（参照教材 210 页）中的句子。”这是提醒学习者关注诗句的出处。

如前所述，杜甫的《春望》是唯一一首五家出版社都收录进初中语文教科书的汉诗。这一事实说明，学校图书（出版社）的这种引导具有独特的功能，它使汉诗与初中的古文学习建立起联动关系。而考虑到汉诗与古文的联动，我们就必须注意松尾芭蕉引用《春望》诗句时文字表达上的变化。

国破山河在，城春草木深。
感时花溅泪，恨别鸟惊心。
烽火连三月，家书抵万金。
白头搔更短，浑欲不胜簪。

《平泉》一节中的“草色青”化自《春望》中的“草木深”。“草木深”表现出草木繁茂、绿意盎然的景象；“草色青”表现出满城春色、生机盎然的景象。“深”表现状态，“青”表现色彩，两者有质的变化。芭蕉没有直接引用原诗，而是通过文字的变化，让人感受到他熟习中国古典文学并灵活运用的妙处。

然而，考虑到初中学习古典文学有难度，未必要拘泥于趁热打铁的教学方式，将其作为高中国语教育的基础与铺垫，也不失为一种策略。《奥州小道》中的《启程》一节开头这样写道：“月日乃百代之过客，流年亦为旅人也。”这化自李白的四六骈俪文《春夜宴桃李园序》开头的“夫天地者万物之逆旅也；光阴者百代之过客也”。还有研究指出，纪行开篇所写的“暮春鸟啼鱼泪目”化用了《春望》的“感时花溅泪，恨别鸟惊心”。通过《奥州小道》了解松尾芭蕉对中国古典文学的接受与化用，进而理解其学问修养的源头，也很有意义。了解古人如何学习汉诗、抒发胸臆，这种文学的交流与共鸣，想必能对现代学习者的生活态度产生巨大的影响。

八、《春望》在灾后的回响

在李白笔下，“天地”是“万物之逆旅”。所谓“天地”，是我们生息的场所。我们承受天地的惠泽，敬畏自然。“天地玄黄”是梁朝周兴嗣《千字文》[19]的第一句，与紧接着的“宇宙洪荒”一同显示出对人类所处空间的认识。

“天”是指事字，“大”字是一个人张开双手、双脚直立的样子，而“天”

指示其头部，表示头部、顶部的意思，也转义为头顶上方辽阔的天空。它与“地”相对，表示雨水、天空，也意味着主宰万物的造物主，承受天命统治人间者，被称作“天子”。“地”的右边是“也”，是拖着尾巴的蝎子或者蛇的象形文字。“也”作为声旁表示曲折绵长、舒缓的意思。“土”与声旁“也”构成“地”，表示平坦连绵的土地、广阔无边的大地的意思。

《道德经》第七章里的“天长地久”，表示天地长久，没有尽头。“天无二日”的意思是“天上没有两个太阳”，用来比喻国家没有两个君王。《礼记 · 曾子问》《孟子 · 万章上》都记载有“孔子曰：天无二日，土（民）无二王。”乐天，表示以天命为乐，安于所处的境遇。《周易 · 系辞上》有“乐天知命故不忧”，《孟子 · 梁惠王下》有“乐天者保天下”。乐天还是白居易的字，在日本广为人知。“仰天”一词用于“仰天长叹”或“仰天大笑”，在日本转义为极为惊讶。成语“地大物博”指土地广阔、物产丰富，是中国人赞美本国疆土的词语。《庄子 · 天道》中的“莫神于天，莫富于地”，以对比的修辞手法说明天之神妙、地之富饶。

我们知道何为三才——“天、地、人”，而在经受天灾、人祸所造成的自然灾害时，生活在天地之间的人类越发能够感受到天地的恩惠，并敬畏天地。2011 年 3 月 11 日东日本大地震发生之后，有多少日本人异口同声地引用诗句“国破山河在”啊。诗歌不仅仅停留于古典文学的世界，而与经历震灾现实相重叠，验证此类在当下生活中接受古典文学的事例，也是重要的视角。试举若干例子。

> 国破山河在，诗思盈于怀。
> 震后平野寂，福寿草花开。

这是 2011 年 4 月 27 日《朝日新闻》（宫城全县版）上刊登的樱井千惠子的诗作。在震灾之地，福寿草绽开了黄色的花朵，加之其名称“福寿”，仿佛暗示着否极泰来，给人清新的印象。

为了纪念地震三周年，《周刊朝日》（2013 年 1 月 13 日）策划了新春对谈。

作家五木宽之在和政治学家姜尚中的对谈中，讲了一段令人印象深刻的话。

> 其实，对我来说，地震受灾地的景象，作为历史的记忆已经是第三次了，可以说似曾相识吧。第一次是平安时代末期到镰仓时代动荡的政权交替时期；（略）第二次是我十三岁时经历的日本战败，当时的印象正是“国破山河在”；第三次就是前些年的东日本大地震。可是这次我感受到的，却是“国在山河破”。故乡的山川、森林被污染，山河破碎了。而隐约可见的是国家的权力，让人深深感受到它在强化岿然不动的统治结构。您觉得呢？

五木宽之在表达基于历史与自身经历的感受时，引用了杜甫的诗句“国破山河在”。这句诗被用于表现日本战败时的感觉，然后他颠倒语序生造出“国在山河破”，形容东日本大地震带给他的感觉。这些诗句并非故弄玄虚，反而为五木宽之的发言增色不少。这也值得我们从古典文学如何被接受的视角去关注[20]。

关于这一诗句与第二次世界大战的关联，《安野光雅　有缘相遇：33》之《小泽昭一　用口琴让剧场满座的达人》值得一读。安野在《文艺春秋》上读到小泽昭一的口述报道，从而阅读了他的俳句诗集《俳句写就传奇半生》。安野写道：“其中有令人想起战时境况的诗句。”他引用了小泽写于 1996 年 11 月的俳句“荒鹫翔长空，弹指五十年”[21]，然后附上自己的一首俳句“国破山河存，兵卒草溽蒸”。

无疑，这首俳句化用了“国破山河在，城春草木深”，以及松尾芭蕉《奥州小道》的《平泉》中的“夏草萋萋兮，兵卒遗梦迹”。安野随后又写道：“小泽毕业于名校麻布中学，后进入早稻田大学。就读于麻布中学时，同学中有日后成名的堺正俊（フランキ堺）、仲谷升、堀内秀（なだいなだ）、加藤武等人。后来他又进入海军学校，可见其优秀。”

如上所述，杜甫的《春望》串联起了人们之间的对话。在日常生活中，我们看见古典文学在当代也被自发地接受。虽然那是严格限制字数的定型诗，却让人们重新审视古典文学所具有的独特意义和价值。通过把握习以为常的现实，能够广泛地审视教育一线中古典文学教育的意义和本质。对于学习者而言，有两点不可或缺：首先是立足于日本接受这些古典文学的视角进行教材编撰的态度；其次是教育者的支持和推进。

九、小结

现代社会也被称作“知识型社会”，即要求人们具有社会各领域的综合性知识。“知识型社会”一词首次被用于国家政策的相关表述是在2005年1月中央教育审议会的报告书《我国高等教育的未来发展》中。文中写道：

> 二十一世纪是“知识型社会（knowledge-based society）”的世纪。新知识、信息、技术作为以政治、经济、文化为首的社会各领域开展活动的基础，其重要性不可同日而语。

伴随着技术革新，信息化、全球化日益加深。现代社会不仅需要知识、技术，而且需要将其灵活运用的思考力、表现力，还必须培养在二十一世纪生存所需的语言能力。在这样的环境之中，随着《常用汉字表》《学习指导纲要》的修订，古典汉文的教学与日文古文一起发挥了重要的作用。

本章以杜甫诞生一千三百周年为契机，探讨了日本小学至高中国语学科的古典汉文选篇，以若干实例介绍《春望》在灾后日本的回响。另外，还可以通过《春望》的文学影响拓展多层次化的教学，如近代的诗歌翻译[22]等。此外，汉文的教学策略也须更多关注古典文学在日常生活中的使用情况。

2011年9月，笔者探访与空海渊源深厚的西安青龙寺，在门前空地上见到一块标牌。

双叶形状的牌子上写有两行字：

> 踩时花溅泪，
> 踏后草揪心。

这两句无疑化用了杜甫《春望》的“感时花溅泪，恨别鸟惊心”。“踩”与“踏”、“花”与“草”对仗工整。宣传者通过拟人的手法呼吁游客爱护花草。

这是现代社会传承古典诗歌《春望》的事例。杜甫的同胞、异国的民众都能超越时空感受到同一首古诗的魅力，并将其用于表达自己的情感，从中感受到古典文学的生命与价值。在中国，《春望》是中学语文的必学篇目。从中日共同的中学语文篇目出发，进行多角度的比较研究也是很有趣的。

注释

1. 译注：指“3·11”日本地震，即2011年3月11日发生在日本东北部太平洋海域的强烈地震，震级达九级。地震引发巨大海啸，并导致福岛第一核电站发生核泄漏。
2. 2012年9月29日，大会于同志社女子大学今出川校区纯正馆召开。池泽一郎氏的演讲《江户的杜甫诗学——关于葛西因是的“深读”》、加藤国安氏的演讲《杜甫“超越的语言”——正冈子规之眼》的摘要，均刊载于《和汉比较文学》第五十号，2013年2月。
3. 《中国文学报》第十七册（京都大学文学部中国语言学文学研究室，1962年10月）的封面印有“杜甫诞生一千二百五十年特刊”。杂志中收录神田喜一郎教授的论文《杜甫在日本》，考证了日本的杜甫研究与接受情况。
4. 译注：正如前言注释所说，“国语”意为本国人民共同使用的语言。在日本，“国语”指“日语”。明治维新之后，“国语”成为学校教育的科目，意思相当于中国的“语文”。
5. 译注：日语“汉文”表示中国的文言文章，以及日本人用中文文言所写的文章。同样，“汉诗”也包含中国的古诗与日本作家创作的绝句、律诗等。
6. 译注：指源自历史典故的成语。
7. 《小学学习指导纲要解说·国语篇》（2008年6月）第三章《各学年的目标与内容》第三节“第五学年及第六学年”中的“关于传统语言文化与国语特质的事项”中，对“古文与汉文、近代以后的古文体文章”做了如下说明：“此内容参见初中一年级‘（1）了解文言规则及训读方法，诵读古文与汉文，在品味古典文学特有的节奏的同时，接触古典的世界’。”明确提示了小学教育与初中教育的连贯性、拓展性。
8. 译注：广濑淡窗（1782—1856），日本江户后期的儒学家，建立私塾“咸宜园”，门生三千人，著有《约言》《迂言》《远思楼诗钞》《淡窗诗话》等。广濑淡窗所作的《桂林庄杂咏》原诗如下：休道他乡多苦辛，同袍有友自相亲。柴扉晓出霜如雪，君汲川流我拾薪。

9. 译注：良宽（1758—1831），日本江户后期的禅僧、歌人，号大愚，擅长书法、汉诗、和歌。逝世后其弟子贞心尼将他的和歌整理汇编成和歌集《莲露》。
10. “感受日语的音韵与节奏”栏目中收录的《论语》篇章数目如下：一年级 2 章、二年级 1 章、三年级 3 章、四年级 2 章、五年级 4 章、六年级 4 章。
11. 译注：给汉文添加训点、助词等，按照日语语法进行阅读的方式。
12. 《初中学习指导纲要解说·国语篇》（2008 年 7 月）第二章第三节“国语学科修订要点”（5）“重视关于传统语言文化的指导”中提示了要点：“例如，在第一学年了解古文的规则并以训读的方法进行朗读；在第二学年接触古典文学中体现的对事物的看法及思考方式；第三学年，在阅读古典文学时注意其历史背景等。”
13. 丁秋娜在论文《日本与中国的“汉文教育”比较研究——以杜甫〈春望〉为例》（《学术研究（国语·国文学篇）》第 57 号，早稻田大学教育学部，2009 年 2 月）中将《学习指导纲要》的修订纳入视野，从比较研究的视点对中日两国教材都收录的课文《春望》进行了研究。论文中依据的日本初中教科书为 2006 年度版，作者指出：“除了光村图书，所有出版社的教材都收录了《春望》。”
14. 《高中学习指导纲要解说·国语篇》（2009 年 12 月）第一章《总论》第一节“修订目的”第三小节“国语学科修订要点”（8）“各课程要点”中，关于“国语综合”指出：“（新版纲要）明确提示在指导阅读时，古典文学与近代之后的文章，授课比例大致相当，根据学生的实际情况酌情调整。古典文学中古文与汉文的比例，不可偏重一方。古典文学的学习内容中，必须包含与古典文学相关的近代以后的文章。”
15. 根据各家出版社官网主页的教材目录收集整理。
16. 原载于《汉诗——美的所在》，岩波新书，2002 年。
17. 译注：松尾芭蕉（1644—1694），江户前期的俳人。代表作有《笈之小文》《更科纪行》《奥州小道》等。
18. 译注：日本古代贵族的姓氏，大化改新（645 年）的功臣中臣镰足被赐姓藤原，该姓氏起始于此。藤原氏从平安时代至江户时代一直占据贵族社会的核心位置。奥州藤原氏为其分支。
19. 《古事记》中记载和迩吉师从朝鲜半岛带来了汉籍，《千字文》与《论语》一同出现。
20. 在 2013 年 3 月 16 日《朝日新闻》（山形县）的报道《政府表示加入 TPP 谈判，对县内产生巨大冲击，JA 对自民党提出抗议》中，JA（日本农协）山形中央会的会长长泽丰批评安倍晋三政权时说，“如果‘国破山河无’，是无法向国民交代的”，化用了杜甫的诗句。
21. 收录于《俳句写就传奇半生》（岩波书店，2012 年 12 月）中的《小泽昭一俳句集》。
22. 土岐善麿的《春望》译文如下（引自《新译杜甫》，光风社书店，1970 年 3 月）：

国破れて　山河はあり（国破山河在）
春なれや　城辺のみどり（城春草木深）
花みれば　涙しとどに（感时花溅泪）
鳥きけば　こころおどろく（恨别鸟惊心）
のろしの火　三月たえせず（烽火连三月）

千重に恋し　ふるさとの書（家书抵万金）
しら髪は　いよよ短く（白头搔更短）
かざしさえ　さしもかねつる（浑欲不胜簪）

第二章

王维的诗歌——“辋川”与教材

一、中日语文教科书中的王维

中日两国的教科书是如何编选王维的诗歌的？

中国的人民教育出版社出版的《语文》所收录的王维诗歌如下：

七言绝句《九月九日忆山东兄弟》

（《语文》三年级上册）

七言绝句《送元二使安西》

（《语文》四年级上册）

五言绝句《鸟鸣涧》

（《语文》六年级下册）

五言绝句《竹里馆》

（《语文》七年级下册之“课外古诗词背诵”）

五言律诗《使至塞上》

（《语文》八年级上册）

五言律诗《终南别业》

（《语文》八年级下册之“课外古诗词背诵”）

另外，在《义务教育语文课程标准（2011 年版）》的《附录 1　优秀诗文背诵推荐篇目》中，一至六年级的 75 篇中收录了《鹿柴》《送元二使安西》《九月九日忆山东兄弟》三篇；七至九年级的 61 篇中收录了《使至塞上》一篇。高中语文的选修教科书《中国古代诗歌散文欣赏》中收录了《积雨辋川庄作》一篇。去除与《语文》教科书中重复的篇目，王维的诗歌共计 8 首。

日本教科书中收录的王维的诗歌共计 6 首：《送元二使安西》《鹿柴》《竹里馆》《杂诗》《九月九日忆山东兄弟》《送别》。五家出版社的初中国语教科书中，一家收录了《送元二使安西》（三年级），一家在参考资料中收录了《鹿柴》（二年级）。九家出版社的 23 种高中“国语综合”类教科书中，九家出版社的 21 种教科书收录了《送元二使安西》，各有一家出版社的 1 种教科书收录了《九月九日忆山东兄弟》《竹里馆》。五家出版社的 5 种《古典文学 A》教科书中，两家收录了《竹里馆》，另两家各收录了《鹿柴》《送元二使安西》。十家出版社的 18 种《古典文学 B》教科书中，六家出版社的 10 种教科书收录了《鹿柴》，三家出版社的 7 种教科书收录了《竹里馆》，一家出版社的 2 种教科书收录了五言绝句《杂诗》，各有一家出版社的 1 种教科书收录了《九月九日忆山东兄弟》和五言古诗《送别》。

对比中日两国教科书中收录的王维的诗歌，我们可以发现，《送元二使安西》《九月九日忆山东兄弟》《竹里馆》《鹿柴》等代表作是共同的篇目。中国教科书的特点在于，小学阶段已经学习王维的代表作《送元二使安西》《九月九日忆山东兄弟》，了解送别、友情、思乡与兄弟情谊等主题。而在日本，在小学阶段引入古典文学，初中才开始学习具体的篇目。日本初中的所有教科书都采用了杜甫的《春望》，而收录《送元二使安西》的初高中教科书占据了压倒性多数。这也许是因为这首诗易于理解、引发共鸣吧。《九月九日忆山东兄弟》一诗原注“时年十七”，王维创作时与学习者年龄相仿，但收录这首诗的教科书并不多。

中日两国教科书中均收录的《送元二使安西》全诗如下：

渭城朝雨浥轻尘，
（渭城の朝雨　軽塵を浥し）
客舍青青柳色新。
（客舎　青青　柳色新たなり）
劝君更尽一杯酒，
（君に勧む　更に尽くせ一杯の酒）
西出阳关无故人。
（西のかた　陽関を出づれば故人無からん）

古人有送别去往西北边塞的友人的习俗。诗人在渭水边的渭城，依依不舍地送别远赴西北边陲的友人，祈愿平安。朝雨过后空气清新，柳色翠绿欲滴。分别将近时，依照旧俗折柳结环以赠。“柳”与“留”同音，“环”与“还”同音。饯别的同时，念及好友远赴边陲，情不自禁又劝饮一杯。中日两国在教学中是如何讲解处于传统文化中的诗歌的？这方面的研究也是古典文学教学的重要课题。

二、辋川庄的银杏树

王维在辋川庄的生活对他的诗歌具有重要的思想意义。2018 年春天，笔者寻访了陕西辋川，观瞻了据传是王维手植的银杏树，并饱览当地风景。银杏树前有“鹿苑寺”碑（2013 年 10 月蓝田县人民政府立），背面记载着：

鹿苑寺位于辋川镇白家坪村向阳公司 14 号厂区内。又名清源寺，（略）寺前有唐王维手植银杏树一株，树冠高 20 米，树径 1.8 米。据《旧唐书》《蓝田县志》记载，清源寺建于唐代，毁于唐末战乱。

王维的家宅如今已并作向阳公司的一部分，银杏屹立在荒弃的工厂里。在前方的草丛中，还有一块字迹斑驳的“王维手植银杏树”碑，为 2002 年 5 月中共航天四院党委立。上书：

> 现王维手植银杏树高约二十米，直径约一点八米，健壮茂盛，苍老巍然。（略）

受碑文启发，笔者又查阅了《蓝田县志》（《新修方志丛刊》）。在光绪年间的《蓝田县志》（1875 年刻本）卷六《土地志 · 古迹》的《辋川别墅》之《王维辋川集序》中，笔者读到了关于银杏树的记载：“旧志（略）老银杏树株在寺门东，即文杏馆也。”所谓“旧志”，即雍正年间的《蓝田县志》（1730 年刻本，以顺治年间的《蓝田县志》为原本增修）。卷一《古迹》中记载有“老银杏树一株在寺门东，即文杏馆也”。光绪本《蓝田县志》应该是沿用了这一“旧志”，省略了“一株”的“一”字。在光绪本《蓝田县志》所附《辋川志》卷二《名胜》中也记载道：“文杏馆遗址，在寺门东。今有银杏一株。”民国年间的《续修蓝田县志》（1935 年修订，1941 年餐雪斋铅印本）卷二十二《辋川志》卷二《名胜》中，有一条可确认为追记的记载：“文杏馆遗址，在寺门东。今有银杏一株。相传王摩诘手植。”

“文杏馆”是《辋川集》中吟咏的名胜，“寺门”指鹿苑寺（清源寺）之门。眼前这株银杏树的确是一个象征，因为与王维在辋川的生活存在深厚的渊源，自古以来受到人们的珍惜。然而从文献的梳理中可以发现，“王摩诘手植”的记载，始于民国续修本。

三、日本近代文学中的王维

谷崎润一郎以岑参的《送杨瑗尉南海》[1] 作为小说《鲛人》[2] 的引子。作品中“南博士”从中国回到日本，他认为：

> 在不断受到半生不熟的西洋主义侵蚀的日本，自己要在纯朴的自

然中追寻美，而自然已被破坏殆尽。原本这个国家的自然就不如中国，规模小且贫瘠。在这样的自然之中，去哪里才能找到倪云林的山水、王摩诘的诗境呢？

倪云林是“元代四大家”之一，名倪瓒（1301—1374），字元镇，号云林，擅长山水画。王摩诘即王维，长于诗画。宋代苏轼评价他“诗中有画，画中有诗”。这八个字出自苏轼为《蓝田烟雨图》所写的题跋（《东坡题跋》卷五），与王维《辋川集》中的《鹿柴》《竹里馆》等诗篇的精神一致。

夏目漱石的《草枕》以“走在山路上，我如是漫想”开篇，举重若轻地谈论处世之道：“智多锋芒露，情多随波逝，固执常局促，人世实难居。”他谈及理想的诗是“摈弃俗念，心情能暂且远离尘世的诗”，而且他认为西洋的诗歌“以人事为根本，即便是所谓纯粹的诗歌，也难超脱此境”。然而，“令人欣喜的是，东洋的诗歌有超脱者”。他引用了晋代陶渊明《饮酒（其五）》的两句：

采菊东篱下，悠然见南山。

接着又引用了王维的《竹里馆》：

独坐幽篁里，弹琴复长啸。
深林人不知，明月来相照。

夏目漱石一语道破：“寥寥二十个字，出色地营造出别样乾坤。”他阐明心迹：“我心有所愿，直接从自然中汲取陶渊明、王维的诗境，逍遥于非人情的天地，哪怕是须臾片刻也好。这是一种醉兴。”在日本近代作家夏目漱石身上，我们可以看见他深受中国诗歌影响的痕迹。

夏目通过《草枕》，将对王维诗歌的喜爱传达给读者，想必这也将成为他们亲近王维诗歌的源泉。值得注意的是，在王维数量众多的吟咏静谧自然的诗作中，中国的语文教科书收录了《终南别业》《积雨辋川庄作》等深入描绘诗人在辋川的生活与精神世界的作品。由此可见，教科书收录篇目的差异，体现出中日两国教学中对于传统、文化的侧重点有所不同。

四、阿倍仲麻吕与中国友人

阿倍仲麻吕是中日交流史上的著名人物。他于公元 717 年（元正天皇养老元年、唐玄宗开元五年）来到唐朝，在科举考试中进士及第，出仕为官。他与王维、李白的交友经历广为人知。大约在三十五年后，公元 753 年（唐玄宗天宝十二年、孝谦天皇天平胜宝五年），阿倍仲麻吕启程回国，王维写了五言排律《送秘书晁监还日本国》，表达惜别之情。

积水不可极，安知沧海东。
九州何处远，万里若乘空。
向国唯看日，归帆但信风。
鳌身映天黑，鱼眼射波红。
乡树扶桑外，主人孤岛中。
别离方异域，音信若为通。

诗歌的尾联“别离方异域，音信若为通”充满了哀切之思。在两国一衣带水、互通音信不易的往昔，别离往往意味着今生的永别。阿倍仲麻吕作了一首应和的诗《衔命还国作》。

衔命将辞国，非才忝侍臣。
天中恋明主，海外忆慈亲。
伏奏违金阙，骈骖去玉津。
蓬莱乡路远，若木故园邻。
西望怀恩日，东归感义辰。
平生一宝剑，留赠结交人。

诗中作者拜谢玄宗不弃自己无才的慈恩，还记述了自己赠予结交者宝剑作为纪念。这首诗自然十分知名，但说起阿倍仲麻吕，更脍炙人口的是他即将归国时吟咏望乡之思的和歌。

仰首望天原，明月何皎皎。
奈良三笠山，万里同婵娟。

这首诗收录于《古今和歌集》卷九《羁旅歌》，题为《于唐土见月而咏》，后被收入《小仓百人一首》，广为传颂。纪贯之在《土佐日记》的《正月二十日》[3]中引用了这首和歌，将首句的“天原”改为“青海原”。

在《中日和平友好条约》缔结的次年（1979 年），奈良市与西安市为了纪念建立友好城市关系五周年，在西安的兴庆宫公园竖立了“阿倍仲麻吕纪念碑[4]”。纪念碑的左面（东面）雕刻了阿倍仲麻吕和歌的汉诗体翻译。

翘首望东天，神驰奈良边。
三笠山顶上，想又皎月圆。

翻译的左下方仅写了“阿倍望乡诗”，背面（南面）的碑文中也没有记录翻译的信息[5]。纪念碑的右面（西面）刻有李白的《哭晁卿衡》。

日本晁卿辞帝都，征帆一片绕蓬壶。
明月不归沉碧海，白云愁色满苍梧。

李白听闻阿倍仲麻吕遇难的消息后，写下这首诗。事实上阿倍乘坐的船只遭遇暴风，漂流到安南（今越南）。公元 755 年（天宝十四年），阿倍终于回到长安，老死于唐土，再也没有踏上故国的土地。

从诗歌的主题和表现手法的角度来看，基于此类中日交流诗文的教材建设是有意义的。

附记：穿越重重波涛的归帆、征帆，正是遣唐使的象征。阿倍仲麻吕纪念碑的栏板上刻着满帆的遣唐使船；青龙寺[6]的空海纪念碑的栏板上则刻有波涛图案。[7]

注释：

1. 译注：全诗为“不择南州尉，高堂有老亲。楼台重蜃气，邑里杂鲛人。海暗三山雨，花明五岭春。此乡多宝玉，慎莫厌清贫。”小说《鲛人》的标题出自这首诗。
2. 译注：《鲛人》，谷崎润一郎的长篇小说。作品中出现了来自中国的女演员林真珠，还引用了中国古诗文，如“主人不相识，偶坐为林泉”（贺知章《题袁氏别业》）与明代施耐庵的《蝶恋花·一别山家音信杳》等。
3. 译注：日记中记录了当晚月出，主人公想到古时候阿倍仲麻吕回国时看见海面上的月亮，吟咏了著名的思乡和歌。
4. 译注：汉白玉方形石柱纪念碑，碑高 5.36 米。正面刻有“阿倍仲麻吕纪念碑”，背面镌刻其生平事迹及建碑背景。两侧柱身分别刻有和歌的中译、李白的《哭晁卿衡》。
5. 笔者参加了“2019 年日语教育与日本学研究国际研讨会”（2019 年 5 月 15、16 日于上海同济大学召开）。西安交通大学金中教授在特别演讲《西安阿倍仲麻吕纪念碑的和歌译者》中，介绍了当时在西安市政府办公厅外事处工作的邓友民先生翻译了和歌，并负责了纪念碑内容的决策工作。
6. 译注：青龙寺位于西安市东南郊的乐游原，是唐代佛教密宗的重要寺庙。公元 804 年（贞元二十年），日本僧侣空海来到长安，在青龙寺随惠果学习佛法。两年后回到日本，创立真言宗。青龙寺东院建有空海纪念碑，1982 年 5 月 19 日正式落成，汉白玉雕刻而成，形状模仿大雁塔。纪念碑四周的围栏板上的浮雕波浪图案，象征空海等遣唐使渡海来到中国。
7. 本章的考证在拙文《西安见闻抄（7）——辋川记》（《亚洲·文化·历史》第十期，亚洲·文化·历史研究会，2019 年 3 月）的基础上进行了修改，增加了关于中国语文教科书的内容。关于王维的考证，参考了渡部英喜《自然诗人王维的世界》（明治书院，2010 年 11 月）。

第三章
菅原道真[1]的汉诗《九月十日》

一、汉诗《九月十日》与“断肠”

“断肠”一词是日本人在日常生活中常用的汉字词汇之一，如“断肠之思”等。使用汉字词“断肠”的诗歌有菅原道真的汉诗《九月十日》（七言绝句）。在被贬大宰府[2]之后的延喜元年（公元901年，昌泰四年七月改元）秋季，重阳节的次日——九月十日，菅原写下这首诗歌。这也是他的诗歌中最脍炙人口的一首。

去年今夜侍清凉，秋思诗篇独断肠。
恩赐御衣今在此，捧持每日拜余香。

菅原道真回想“去年”（昌泰三年）的“今夜”（九月十日）在宫中清凉殿侍奉天皇，奉旨作“秋思诗篇”。而四个月之后的昌泰四年一月二十五日，因政敌藤原时平谗言惑上，道真被贬为大宰权帅。他把“去年今夜”天皇恩赐的“御衣”带来流放地，每日膜拜其余香。这首诗作中没有生僻的文字，可以说在平易晓畅的字句中，抒发了谪臣百感交集的心绪。然而在思考诗歌中凝结的心绪时，平易的措辞中最令人印象深刻的，是由“断肠”一词所支撑的承句。“秋思诗篇独断肠”是理解全篇的诗意的关键，诗歌的注释史也印证了这点。

汉诗《九月十日》是《菅家后集》里的一篇，诗集收录了菅原道真被贬大宰府后的诗歌。在著名的历史著作《大镜》[3]之《左大臣时平[4]》中，作者讲述了菅原道真的生平，以及与这首诗相关的逸闻。

> 身处筑紫[5]，九月九日赏菊时，忆及昔日在京之时。其时为九月良宵，宫中设菊花御宴。大臣[6]奉旨作诗，圣上欣然，赐以御衣。大臣贬谪筑紫后，见御衣而念往昔，因作此诗。

《大镜》的记载不是“九月十日”，而是“九月九日”，即重阳节当日。菅原道真身在筑紫，目睹菊花盛开，不禁追忆往昔在京之时，在宫中的菊花御宴上作诗。醍醐天皇十分欣悦，赐以御衣。菅原道真将其携至大宰府，朝夕膜拜。这首诗便是追忆往昔之作。《大镜》在引用《九月十日》之后，记录了读者的反应：“此诗令众人为之感怀。”这一段位于大宅世继讲述见闻[7]的中途，表示回忆亲身经历的助动词“き”产生了显著的效果。除了《大镜》，《北野天神缘起绘卷》也记述了菅原道真的生平和死后的异象。绘卷中大宰府秋意瑟瑟，道真身穿白色狩衣，面对绘有菊花图案[8]的行李箱中的恩赐御衣，潸然垂泪。辞章中也引用了汉诗《九月十日》。

这些都是感情充溢的著名场景。汉诗《九月十日》与《大镜》之《左大臣时平》的章节，作为古典文学的篇目，均被收录进许多高中国语学科的古典教材。2013 年开始实施新版《高中学习指导纲要》，“国语综合”成为各类高中的必修课程。经笔者确认，这些篇目也收录在按学年编辑的《古典文学 A》《古典文学 B》[9]中。而且，《北野天神缘起绘卷》的场景，在高中的社会学科的日本史资料集等中多有收录，成为了解遭贬谪的道真生活的视觉资料。除此之外，被称作“日本古典文学中的经典《源氏物语》之《须磨》卷中，《九月十日》的转句也起到推动情节发展的作用。

光源氏避世须磨[10]，于秋风瑟瑟中见一轮中秋明月，不禁怀念起旧时于殿上游戏管弦。他吟诵白居易的“二千里外故人心”[11]，思及出家为尼的藤壶[12]去年秋夜吟诗“深宫雾锁九重隔”[13]，不觉潸然泪下。与此同时，他又想起，那晚曾与酷似先帝（桐壶帝）的朱雀帝[14]亲密地叙旧。

长夜已深，光源氏吟诵着“恩赐御衣今在此”回房休息。此处不仅直接引用了《九月十日》中的转句，并以“御衣确不离身，置之近旁”收尾。光源氏也是一位将天皇（朱雀帝）恩赐御衣置于身边的臣子。不得不说，身在须磨的源氏同样体会到了菅原道真谪居时的情感。

这足以确认《源氏物语》的确受到菅原道真《九月十日》的影响[15]。然而在《源氏物语》作者紫式部所处的年代，《九月十日》如何被欣赏？承句的诗意如何被理解？道真死于大宰府的百余年后，正值藤原氏的权力鼎盛时期，他的怨念能够被理解吗？这首诗被收录进现今的许多高中教材。因此，尝试为这首诗的阐释提供新的可能性，具有重要的意义。

二、汉诗《九月十日》的注释

川口久雄在《菅家文草·菅家后集》（《日本古典文学大系》第七十二卷，岩波书店，1966 年 10 月）中，为《九月十日》添加了这样的注释：

起句：御在所殿名。

承句：敕赐秋思赋之。臣诗多述所愤。

转句、合句：宴终晚头赐御衣。今随身在笥中，故云。

想准确理解《九月十日》，自然要明白起句的“清凉”指的是宫中的清凉殿。同样也必须清楚承句中的“秋思诗篇”指代什么。通过具体的考证，我们可以发现这首诗指的是收录在《菅家后集》中，题为《九日后朝，同赋秋思，应制》的七言律诗（以下略为《秋思》）。所谓“九日后朝”指九月九日重阳节的次日，即九月十日。当天朝廷宴请近臣。昌泰三年（公元 900 年）的这次宴会上，醍醐天皇御赐诗题“秋思”。道真的“秋思诗篇”无疑作于此时[16]。诗作如下：

丞相度年几乐思，今宵触物自然悲。
声寒络纬风吹处，叶落梧桐雨打时。
君富春秋臣渐老，恩无涯岸报犹迟。

不知此意何安慰，饮酒听琴又咏诗。

诗歌所描绘的道真是这样的形象：任职丞相虽经多年，却鲜有愉悦的时光[17]。“今宵”触景生情，哀伤自然流露。秋风瑟瑟，络纬[18]低鸣。雨打梧桐，落叶有声。君王尚处壮年，臣子渐入老境，惶恐无以报答浩浩圣恩，唯有以鸣琴诗酒来宽慰内心。

天皇御赐的诗题“秋思”，与出自《楚辞》的“悲秋”有关。道真的吟咏正是基于这一思绪。关于这首诗，《十训抄》[19]第六之第十四篇记录如下：

昌泰三年九月十日，菅原丞相以正三位大臣之位，列席宫中御宴。吟诗“君富春秋臣渐老，恩无涯岸报犹迟”。圣上睿感，赐以御衣。

《十训抄》引用了《秋思》的颈联，讲述了圣上褒奖并赏赐御衣的经过。道真感叹无以回报圣上的恩德，这一苦衷是贯穿《秋思》的悲愁心绪的核心，同时也是圣上赏赐御衣的缘由。天皇御赐诗题“秋思”，道真只得吐露那样的心绪。当时周围的政治环境是藤原氏的摄关体制[20]，他因此忧心忡忡。川口久雄在《菅家文草·菅家后集》的注解中指出，同年十月十日，道真在《重请罢右近卫大将状》中写道：“自夏涉秋，心胸如结。”《秋思》中所表露的悲愁心绪，经过一年的时间，在《九月十日》中以“独断肠”的字句得以再度升华结晶。

“断肠”一词是现代日语中频繁使用的汉字词。该词出自中国南朝宋刘义庆编撰的《世说新语·黜免》，也有教科书收录了相关汉文篇目。东晋政治家、名将桓温远征蜀地，有士兵在三峡捉了一只小猿，母猿沿岸追逐百余里，跳上船后即刻死去，肠已寸断。后人从这个典故引申出悲伤得肝肠寸断的意义。

三、“秋思诗篇独断肠”的注释

出自《世说新语》的“断肠”，在《九月十日》的承句“秋思诗篇独断肠”中应当如何解读呢？成书于1810年（文化七年）的大石千引[21]的《大镜短观抄》中，仅仅加了这样一条注释：

断肠为肝肠寸断意，见于《广弘明集》[22]。

1972年8月，猪口笃志编撰的《日本汉诗·上》[23]出版。他在《九月十日》的“余说”中指出“承句的‘独断肠’的解释存在问题”，并将“秋思诗篇独断肠”的解释分为两种。在这里，笔者在猪口所使用的《日本汉诗》的解释资料的基础上，结合明治以来《大镜》《菅家后集》等的相关注释资料，重新整理这两种解释。

〔A〕作者回忆“去年今夜”于清凉殿作“秋思诗篇”，获圣上褒赏，而生断肠之思。即表达的是此刻回忆去年吟咏的“秋思诗篇”的心理感受，包含了被贬谪的身世感伤。

〔B〕讲述“去年今夜”于清凉殿作“秋思诗篇”，有断肠之思。即“断肠”是“秋思诗篇”中的悲愁心绪。

猪口笃志对这两种解释的变迁进行了梳理。持观点〔A〕的有结城蓄堂[24]、盐谷温[25]、池永润轩[26]。比这些更早的，是1897年7月青山堂书房出版的铃木弘恭《校正大镜注释》。眉批中以“去年今夜之诗”的注解解释了诗歌的起承两句。

去年（昌泰三年）今夜（九月十日夜），于清凉殿侍坐。奉御旨赋秋思拙作，蒙圣上睿感。忆及往事，心如断肠。

同样出版于1897年7月的落合直文、小中村义象合著的《大镜详解》（明治书院）中对诗句做了如下解释：

今年今日之句，指去年今夜，蒙圣上不弃，忝列清凉殿之御宴。与众公卿同作秋思之诗。幸得圣上垂青，获赐御衣，无上荣耀。如今沦落至此，回想当年的诗篇，感于今非昔比，有断肠之思。

这一解释被佐藤球[27]、水田勇贤[28]所继承。成书稍早、出版于1918年的种村宗八述《大镜增镜选释》[29]的释义也属于〔A〕系列。

去年今夜，予尚在京都，为右大臣，侍坐清凉殿御宴。其时以御赐诗题“秋思”作诗一首呈献圣上。回想当时情景，悲愁似断肠。

可见1897年两书出版后，虽然语意略有区别，但释义〔A〕占据主流。而在1934年前后情况发生了变化。1934年2月出版的橘纯一的《大镜通释》（瑞穗书院）中，对起承两句做了如下解释：

去年今夜（昌泰三年九月十日），宫中清凉殿设重阳后朝之御宴，余忝列侍坐。陛下御赐“秋思”诗题，余作诗一首，述断肠之思。陛下垂青，赏赐御衣。荣耀无上。

以笔者拙见，这是第一次出现〔B〕类解释。1954年出版的橘纯一的《原文对照大镜新讲》（武藏野书院）沿用了这一解释。1934年5月乐园书房出版的三浦圭三的《校注大镜解释》中，注解〔43〕指出：“名诗。首二句有两种释义。”

〔一〕去年今夜于清凉殿侍坐，作秋思之诗，自身独有断肠之感。

〔二〕如今回想去年于清凉殿侍坐，作秋思之诗，不禁为之断肠。

释义〔二〕即〔A〕；释义〔一〕中的“自身独有断肠之感”虽然文意

不够清晰，但可以认为相当于释义〔B〕。释义〔二〕应该沿用了1914年10月出版的简野道明的《和汉名诗类选评释》（明治书院）中的解释，即“以秋思为题作诗，有独断肠之思”。

三浦圭三支持释义〔二〕，即〔A〕。他认为御赐诗题为“秋思”，“自然会引发悲伤的情绪，但这种心绪过于轻率”。

> 从七言绝句的写法来看，起承转合的转句为第三句。“去年今夜”所述内容到第二句为止。然而从菅原的心境进行推测，正确的是解释〔二〕。
>
> 佳作蒙圣上睿感，获赐御衣，风光无限。而当时的幸福与今日的落魄两相对比，更有今不如昔的感慨。这样理解是稳妥的。

然而，与释义〔一〕相通的〔B〕，不仅出现在1934年出版的橘纯一的《大镜通释》中，1943年出版的山田准的《日本名诗选精讲》（金铃社）、1944年10月出版的桥本成文的《日本汉诗的精神与释义》（旺文社）也持这样的观点。在《日本汉诗的精神与释义》中，桥本成文援引汉诗大家国分青崖[30]的意见。

> 从绝句的章法来看，“断肠”关联的是“去年”。然而，断肠之思无疑持续至今。因此第三句“恩赐御衣今在此”自然地起到峰回路转的效果。关于这一点，我特意请教了国分青崖先生。

这之后出版的注释书中，释义〔B〕成为主流[31]。次田润的《大镜新讲》（明治书院，1961年4月）、保坂弘司的《大镜新考》（学灯社，1974年6月）、《大镜全评释》上卷（学灯社，1979年10月）都采用了释义〔B〕。然而饶有兴味的，是保坂弘司在两书的“词语解释”的开头部分这样写道：

> 从常识角度出发，“独断肠”指“想起去年作‘秋思诗篇’，如

今在大宰府生断肠之思”。这种解释更易被接受。

这说明释义〔A〕具有较强的影响力，是“常识性”的解释。但是保坂弘司最终还是采用了桥本成文的观点，即释义〔B〕。从行文可以发现，保坂的释义与猪口笃志在《日本汉诗》上卷中对两种解释的整理存在联系。猪口笃志依据释义〔B〕做了如下说明：

回想去年今夜（昌泰三年九月十日）、重阳后朝受邀赴宴，于清凉殿近侍陛下。当时御赐诗题“秋思”，众臣作诗，唯有自己的诗充满悲意。

猪口笃志在“补充说明”中提及川口久雄的《菅家文草 · 菅家后集》。该书的眉批“三”做如是注解：

道真时任右大臣右大将。在以左大臣左大将藤原时平为核心的藤原摄关体制中，道真敏锐地感觉到自己被孤立。心气郁结，悲愁苦闷，“不知此意何安慰”。将断肠般的痛切之情寄托于秋思之诗中。（略）“独断肠”所指，乃一年前的忧愤之情。

将“独断肠”解释为“一年前的忧愤之情”，即释义〔B〕。这一观点被橘健二[32]所采纳。在眉批“十八”中，他将“断肠”解释为“一年前的心情”，并添加注释：“认为道真回忆去年而有断肠之思，此观点有误。”在释义〔A〕被否定的同时，释义〔B〕的影响也在扩大。国金海二、菅野礼行在《日本汉诗 · 汉文》（《汉诗 · 汉文解释讲座》第十七卷，昌平社，1995 年 4 月）的《九月后朝奉旨同赋秋思》的“鉴赏”中，结合《九月十日》的承句注释“臣诗多述所愤”，分析了“秋思”之诗中断肠之思的所指。另外，橘健二、加藤静子在《新编日本古典文学全集》第三十四卷《大镜》（小学馆，1996 年 6 月）的眉批“十三”中加了如下注解：

心绪痛切如断肠。《菅家后集》加有注释：御赐诗题“秋思”，“臣诗多述所愤”。“秋思”之诗，吟咏渐入老境的道真无以报答少君圣恩的悲愁之情。

无可否认，释义〔B〕之所以被广泛接受，根本原因在于《菅家后集》中《九月十日》的注解产生了重要影响。因此，下文从“臣诗多述所愤”的注解与承句之间的关系出发，探究其阐释的问题。

四、汉诗《九月十日》的注释问题

前文引用了汉诗《九月十日》的注解。川口久雄在《菅家文草·菅家后集》的眉批中明确说明：“以下注解，均按未见于底本之贞享版增补。”据《凡例》可知，《菅家后集》依据的是被视为善本的前田家尊经阁所藏甲本，为“（加贺）松云公忠实抄录七八百年前的古抄本”。《九月十日》注解的出处“贞享版”指江户时代贞享四年（1687 年）板黑川道佑跋本。

《九月十日》的注解如为菅原道真本人所写，则意义十分重大。小岛宪之、山本登朗[33]认为“注解为作者所写”，采用了释义〔B〕。起承两句解释如下：

去年今夜，宫中重阳后设宴。我在清凉殿侍坐陛下侧旁。宴席上陛下御赐诗题“秋思”，众人所吟诗作之中，唯有我的悲愁如断肠。

然而正如川口久雄在眉批中所说明的，古抄本中并无注解，他依据的是贞享版。因此注解本身出自较近的年代，或许是江户时代新增的注解。

而且考察注解的内容，起句“清凉”对应的注释为“御在所殿名”，这当真是作者自己添加的注释吗？转合两句的注释为“今随身在笥中”，让人想起《北野天神缘起绘卷》中绘有菊花纹样的衣箱。反倒令人怀疑注解受到绘卷中菊花纹样的启发。另外，结尾处的“故云”也像是解说的语气。

承句“秋思诗篇独断肠”的注解又是怎样的呢？三条注解中，这条最像作者所写，却不能轻易断定。“敕赐秋思赋之。臣诗多述所愤。”前句点明圣上御赐诗题“秋思”，后句指道真在“秋思诗篇”中咏怀忧愤之情。“愤”作为动词表示“吐露心中的忧愁或愤懑”的意义。而日语中“愤”亦有“怒”之意。古时的“愤”又表示“气息屏结，心绪交集无从发泄”的意思。注解中的“所愤”，指无从发泄的心绪，勉强可以理解为与“秋思”诗中的悲愁相当。然而，“臣诗”与“秋思诗篇”、“多述所愤”与“独断肠”是否能相互替换，则令人怀疑。确实有人认为“臣诗多述所愤”起到了归纳承句“秋思诗篇独断肠”主旨的作用。而笔者认为，承句的注解与起句“清凉”的注解相同，是针对一年前“秋思诗篇”的解释。注解的主旨在于假托道真之口，阐释道真的《九月十日》是抒发与“秋思诗篇”相似心绪的诗作。另外，关于“独断肠”的注释，其实是解释“秋思诗篇”是何内容的文字。因此有必要从注解的阐释出发，围绕承句整体的结构与解释，尤其以“独断肠”的解释为中心重新进行审视。

五、关于“断肠”的解释

首先看看承句“秋思诗篇独断肠”的句法。无须故弄玄虚，以“秋思诗篇”为主语、“独断肠”为谓语进行考虑，能作何解释呢？“独”原本表示“仅仅”“唯独”的意思，起到强调的作用[34]。“秋思诗篇”指作者以御赐“秋思”为题吟咏的诗歌，唯独自己的诗歌“断肠”，究竟指什么呢？

正如前文所述，“断肠”出自《世说新语 · 黜免》，广泛地用于表示悲伤和哀愁。与“断肠”相关的用例，道真的诗歌中多达十六处，而且存在若干用例，“断肠”的意义超越了俗套的“悲愁”之义[35]。试举一例，公元 895 年道真所写《蔷薇》一诗的尾联。

> 爱看肠欲断，日落不言回。

道真欣赏蔷薇花，日落也不舍得回家，自然是被蔷薇所深深吸引。这里的“肠断”指“欲断肠”的心绪，即令内心郁结的冲击与感动[36]。

这绝非仅见于道真诗歌的特殊用例。日本最早的“断肠”用例出自《万叶集》。《献新田部亲王歌》的旁注中有同样的特殊用例。新田部亲王从胜间田的池边回来，对妇人说道：

今日出游，见胜间田之池，水影涛涛，莲花灼灼，㣺怜断肠，无以言表。

“㣺怜”与“可怜”（惹人怜爱）相通。“㣺怜断肠”是因灼灼绽放的红莲惹人怜爱而断肠，向对方讲述自己难以言表的感慨。

显然，“断肠”或“肠断”并非仅用以表现悲伤、哀愁，也可以表现令人心胸郁结的怜爱、让人心生恋慕的可爱、情爱的苦闷，以及这些心情引发的感动或喜悦。中国六朝、唐代的诗歌中也存在此类用例。南朝宋鲍照的《代淮南王》二首之一的末句为“鸾歌凤舞断君肠”[37]。鸾鸟般的歌声、凤凰般的舞蹈，令君（淮南王）为之断肠。此处的“断肠”表示感动、赞叹的意义。“鸾歌凤舞”作主语，“断君肠”作谓语，句式与“秋思诗篇独断肠”相似。差异在于《代淮南王》的“断肠”中存在“肠”的定语“君”。在《世说新语》的“断肠”出现之前，就有这种添加人称代词（表示所有格）的用例，可见于“绝肠”一词。

念之绝人肠（东汉·曹操《蒿里行》）
断绝我中肠（魏·曹丕《杂诗二首》其一）

这些诗句都在“肠”的前面添加了“人”“我”等人称代词[38]。可见在与“绝肠”“断肠”相关的表达中，定语是重要的因素。不难推测，随着“断肠”成为惯用语、意义固定之后，添加人称代词的必要性便随之降低了。

通过以上考察可知，“断肠”特殊词义的用法可以上溯至早于道真时期的古代。因为存在“断肠”的特殊词义，可以认为道真《九月十日》中的“独断肠”，指“秋思诗篇”就内容而言是令人“断肠”的诗作。“秋思诗篇独断肠”可以解释为：所“断”者并非自己的“肠”，而是包括首席的醍醐天皇在内，于“去年今夜”参加御宴的众人，被道真“秋思”诗歌深深感动，即“断肠”。天皇为诗所感，赏赐御衣。这一用法看似不敬，却应视为汉语词汇的白话文用法而加以重视。这一解释也与前文所述的《十训抄》第六之第十四篇中对“睿感”的阐释相通。

“断肠”的这一阐释，超出了以往的理解范围。然而，“断肠”的特殊用例，中国六朝、唐代的诗歌自不待言，在以古老的《万叶集》汉文记述为首的日本的汉文资料中也有先例。同时，在道真的诗歌中，也存在多处用例[39]。这些都为重新阐释汉诗《九月十日》的承句提供了保证，而未否定新阐释。

重新梳理汉诗《九月十日》的注释变迁，可以确认以下情况：

解释〔A〕

铃木弘恭《校正大镜注释》（1897年）：“奉御旨赋秋思拙作，蒙圣上睿感。”

落合直文、小中村义象合著《大镜详解》（1897年）：“与众公卿同作秋思之诗。幸得圣上垂青。”

解释〔B〕

橘纯一《大镜通释》（1934年）：“陛下御赐‘秋思’诗题，余作诗一首，述断肠之思。陛下垂青。”

三浦圭三《校注大镜解释》（1934年）：“佳作得圣上睿感。”

注释中多数都基于转句赏赐御衣的语境，提及圣上被道真的诗歌所感动。这与桥本成文所说的“断肠之思无疑持续至今”也存在关联。对于吟咏《九月十日》的道真而言，去年圣上对“秋思诗篇”的睿感是难以忘怀的。“秋思诗篇独断肠”正是道真吟咏去年圣上睿感的自负之句。从这层意义来看，也有必要重新审视对“断肠”的阐释[40]。

六、汉诗《九月十日》的意义空间

汉诗《九月十日》在“去年今夜”与“现今”的时间对比中抒发了贬谪之臣的感慨。如果按上述分析思考对承句的解释，《九月十日》的意义空间便为之一变。起承两句是“去年今夜”清凉殿上吟诗这一过去的荣耀，是道真在回忆“明”的空间；而转合两句借助御衣的余香点明现今贬谪地的悲哀，是“暗”的现实空间。因此，起承与转合构成鲜明的“明—暗”“非日常—日常”的空间对比。以往的解释认为起承两句总领全篇，将整首诗歌视为笼罩着愁苦、悲哀气氛的沉郁世界。与之相对，新阐释产生了截然不同的意义空间。

《大镜》记述汉诗《九月十日》：

余去年尚在京城时，九月今夜，赴宫中之菊花御宴。（起句）
微臣奉旨吟诗，圣上睿感良多。（承句）
获赐御衣，今携至筑紫。（转句）
每视之，思怀往昔。（合句）
故为之作。

汉诗的内容与诗句的起承转合大致对应。在某种意义上，似乎以日文对诗歌进行了阐释。考虑到这个事实，或许是因为道真所说的“断肠”所具有的特殊意义不被理解，所以《大镜》特意以注释性的文字进行补正吧。

反观《九月十日》承句的解释，就某种意义而言，多因循《菅家后集》的注释而难脱窠臼。重视注解是明智之举，但是前人之见有时也妨碍了阐释的自由。因此，有必要和前人的注释保持适当的距离。本文便是基于这样的思考所做的一点粗浅尝试。

注释：

1. 译注：菅原道真（845—903），日本平安时代的贵族、学者。擅长书法，日本三大书圣之一。编撰《类聚国史》，参与编撰《日本三代实录》。著有《菅家文草》《菅家后集》等。被后人尊为学问之神。

2. 译注：根据日本古代律令制，设置于筑前国（今福冈县）的政府机构，负责九州地区的行政。
3. 译注：历史著作，纪传体，作者不详。成书于平安时代后期，讲述了藤原道长势力如日中天的时代，从文德天皇至后一条天皇，计十四代天皇 176 年的历史。
4. 译注：藤原时平（871—909），平安时代前期的贵族，藤原基经之子，在宇多天皇、醍醐天皇朝廷为官，官至左大臣，除去了政敌菅原道真，确定了藤原家族在政界的地位。
5. 译注：九州的古称。
6. 译注：指菅原道真。
7. 译注：《大镜》采用对话体，大宅世继与夏山繁树两位老者对谈，年轻武士在一旁进行评点。
8. 译注：十六瓣菊花图案为日本皇室的家徽。
9. 2012 年度教科书审定（2013 年 3 月审定合格，2014 年 4 月开始使用）后，收录汉诗《九月十日》（《菅家后集》）的教科书有教育出版《古典文学 B（汉文篇）》《新编古典文学 B（欢迎来到语言的世界）》。而在审定合格的 5 种古典文学 A 教科书中，采用了《大镜》中的文章的有右文书院《源氏物语・大镜・评论》的《筑紫的道真》、教育出版《古典文学选古典文学 A》的《道真左迁》。在审定合格的 18 种古典文学 B 教科书中，采用了《大镜》中的文章的有明治书院《精选古典文学 B（古典文学篇）》的《道真左迁》、大修馆书店《古典文学 B（古文篇）》《精选古典文学 B》《新编古典文学 B》的《道真左迁》、东京书籍《精选古典文学 B（古典文学编）》的《道真左迁》。之前的旧教材中，大修馆的《古典 I》《精选古典》《新编古典》（均为 2003 年文部科学省审定）中都以《道真左迁》为题收录了《大镜》中的这篇文章。
10. 译注：须磨海岸，日本神户市西南部的海岸，隔明石海峡与淡路岛遥遥相望。自古以来是赏月的名胜。
11. 出自白居易《八月十五日夜禁中独直对月忆元九》。
12. 译注：《源氏物语》中的人物，藤壶中宫，又称藤壶皇后，先帝的四皇女，因肖似桐壶帝宠爱的桐壶更衣，被召入宫中。藤壶是光源氏的情人，两人生有一子，即冷泉帝。
13. 译注：《贤木》卷中藤壶与光源氏分别时所作的和歌。全句为“深宫雾锁九重隔，神思遥驰云上月”。
14. 译注：桐壶帝的长子，光源氏之兄。
15. 以《十训抄》第六之第十四篇为代表，大石千引的《大镜短观抄》、中院通胜的《岷江入楚》之十二《须磨》都指出这点。
16. 根据《日本纪略》“昌泰三年（900 年）”的记述，“九月九日甲午，重阳宴。题云，寒露凝”“十日乙未，公宴。题云，秋思诗”，得以确认诗题。关于“后朝”的意义，参见菅野礼行《九日后朝之诗》（《平安初期日本汉诗的比较文学研究》，大修馆书店，1988 年 10 月）、波户冈旭《〈九月十日〉诗考》（《宫廷诗人菅原道真——〈菅家文章〉〈菅家后集〉的世界》，笠间书院，2005 年 2 月。原载于《汉文学会会报》

第三十五辑《关于菅原〈九月十日〉诗》，1989 年 12 月）。

17. 猪口笃志在《日本汉诗·上》(《新释汉文大系》第四十五卷，明治书院，1972 年 8 月）对《九日后朝，同赋秋思，应制》的“几乐思”的注释中指出，“思为助词无意义”，并引证《诗经》之《周南·汉广》与《大雅·抑》。
18. 译注：虫名。俗称纺织娘。
19. 译注：《十训抄》，据传为菅原为长或六波罗二腊左卫门入道编撰。1252 年问世，分十项，记录了包括中国的道德训诫文章在内的约 280 篇文章。
20. 译注：摄关指摄政、关白。平安时代中期，藤原氏担任朝廷的摄政、关白要职，把握朝政。又称“摄关政治”。
21. 译注：大石千引（1770—1834），江户后期的国学家、歌人。著有《言元梯》《日中行事略解》《荣花物语抄》《大镜短观抄》等。
22. 译注：《广弘明集》是唐代释道宣编撰的作品集，共三十卷。
23. 《新释汉文大系》第四十五卷，明治书院。
24. 《和汉名诗钞》，文会堂书店，1909 年。
25. 《兴国诗选（皇朝篇）》，弘道馆，1931 年。
26. 《和汉名诗讲话》，京文社，1933 年。
27. 《大镜详解》，明治书院，1927 年 2 月。
28. 《大镜新解》，改进书房，1931 年 3 月。
29. 旧时早稻田大学的讲义录。无刊行信息，目录中有“第二十四回文学科 年度讲义录本校出版部”。记录者种村宗八是早稻田大学出版部主事。本书是早稻田大学针对校外教育出版的“讲义录”之一。
30. 译注：国分青崖（1857—1944），日本汉诗大家。著有《诗董狐》等。大东文化学院教授，日本艺术院会员。
31. 松村博司《大镜新释》（至文堂，1955 年 8 月）、《日本古典文学大系·大镜》（岩波书店，1960 年 9 月）都解释为“去年今夜于清凉殿御宴侍奉圣上，以御赐诗题‘秋思’作诗一首。今夜也作同题之诗，述断肠之思。”然而“今夜也作同题之诗”之说如何得以确认未曾明示。海野泰男《日本文学（古典文学篇）·大镜》（HORUPU 出版，1986 年 9 月）也采用了这种观点。
32. 《日本古典文学全集·大镜》，小学馆，1974 年 12 月。
33. 《菅原道真》（《日本汉诗人选集》第一卷，研文出版，1998 年 11 月）。
34. 参照王云路、方一新《中古汉语语词例释》。猪口笃志在《日本汉诗·上》的《余说》中指出：“从句子的结构而言，‘独断肠’的主语是‘秋思诗篇’。”关于“独”，注解为“其他臣子也以此题吟诗，只有自己的诗与众不同”。
35. 可参阅拙文《道真断肠诗篇考》（《日中比较文学丛考》第二部第二章，研文出版，2015 年 9 月）。
36. 道真于前一年的宽平六年（894 年）所作的《有敕，赐视上巳樱下御制之诗，敬奉谢恩旨》中，转合两句为“微臣纵得陪游宴，当有花前肠断人”。合句中的“肠断人”是描述自己蒙受敕命陪席上巳的游宴，因心中喜悦，在美丽的樱花树前感动凝噎，将要断肠的情形。

37. 月野文子在《万叶集卷十六之〈献新田部亲王歌〉试释——以“无莲”“无须”为中心》（福冈女子大学文学部纪要《文艺与思想》第六十二号，1998 年 2 月）中，除六朝鲍照的例子之外，还举了唐代刘禹锡《赠李司空妓》的“断尽苏州刺史肠”的例子。
38. 宽平五年（893 年），道真的《重阳夜感寒蛬应诏而作》中有“欲将虫泣断人肠”的用例。
39. 可参阅拙文《道真断肠诗篇考》（《日中比较文学丛考》，研文出版，2015 年 9 月）。
40. 泷川幸司在《菅原道真 学者政治家的荣光与没落》（中央公论新社，2019 年 9 月）第五章《万事皆如梦——左迁大宰府》的《思念京都》章节中分析了汉诗《九月十日》：“第二句中的‘断肠’通常表示肝肠欲裂的悲伤。这首诗和道真的《秋思》常常被解释为描写痛切的哀伤。但是，此处的‘断肠’应该被解释为深为感动以致有断肠之思（《道真断肠诗篇考》）。”作者又指出：“诗歌第二句的笔者自注中说，以《秋思》咏‘所愤’。《菅家后集》的《秋思》中，道真写道：‘君富春秋臣渐老，恩无涯岸报犹迟。’身为丞相，却无以回报陛下的隆恩。这便是道真‘所愤’的原因。道真之‘愤’令人感动，天皇因而赐以御衣。”

静夜思（せいやし）　李白（りはく）

牀前（しょうぜん）　月光（げっこう）を　看（み）る
疑（うたが）うらくは　是（こ）れ　地上（ちじょう）の　霜（しも）かと
頭（こうべ）を　挙（あ）げて　山月（さんげつ）を　望（のぞ）み
頭（こうべ）を　低（た）れて　故郷（こきょう）を　思（おも）う

静かな夜のもの思い

寝（しん）台の前にさしこむ月光を見て、
地上におりた霜ではないかと思った。
頭をあげて、山のはしにかかる月を望み、
頭をたれて、故郷のことを思った。

望む
たれる

61

日本语文教科书中的《静夜思》

《语言拓展・小学国语 5 上》教育出版（出版社）
2010 年 3 月文部科学省审定合格，2012 年 1 月出版发行

国破山河在
城春草木深
感時花濺涙
恨別鳥驚心
烽火連三月
家書抵万金
白頭搔更短
渾欲不勝簪

万里の長城

日本语文教科书中的《春望》

《初中国语二年级》三省堂（出版社）

2011 年 2 月文部科学省审定合格，2012 年 2 月出版发行

春望

杜甫

国破れて山河在り
城春にして草木深し
時に感じては花にも涙を濺ぎ
別れを恨んでは鳥にも心を驚かす
烽火三月に連なり
家書万金に抵る
白頭搔けば更に短く
渾べて簪に勝へざらんと欲す

春望　春の眺め。

国破れて　国の都が破壊されて。

城春にして　都に春が巡ってきて。「城」は城壁で囲まれた都市。「国」「城」はともに当時の都、長安（現在の陝西省西安市）を指す。

草木深し　草木が青々と生い茂っている。都がすっかり荒れはててしまった様子をいっている。

時に感じては　時世のありさまに悲しみを感じては。

鳥にも心を驚かす　鳥の声を聞いても胸が痛む。

烽火三月に連なり　戦乱が三月続いて。「烽火」は戦闘で用いるのろしの火。

家書万金に抵る　家族からの手紙は多額の金銭と同じくらい貴重でありがたい。

白頭搔けば更に短く　頭の白髪はかくたびに抜け落ちて薄くなり。

渾べて簪に勝へざらんと欲す　全く簪をさすこともできないほどだ。「簪」はここでは冠を留めるピンのこと。

化用了《春望》诗句的标牌 （笔者拍摄）

王维手植银杏树 （笔者拍摄）

“王维手植银杏树”碑正面 （笔者拍摄）

“王维手植银杏树”碑背面 （笔者拍摄）

阿倍仲麻吕纪念碑正面 （笔者拍摄）

阿倍仲麻吕纪念碑东面 （笔者拍摄）

阿倍仲麻吕纪念碑西面 （笔者拍摄）

鲁迅胸像 （笔者拍摄）
西北大学太白校区

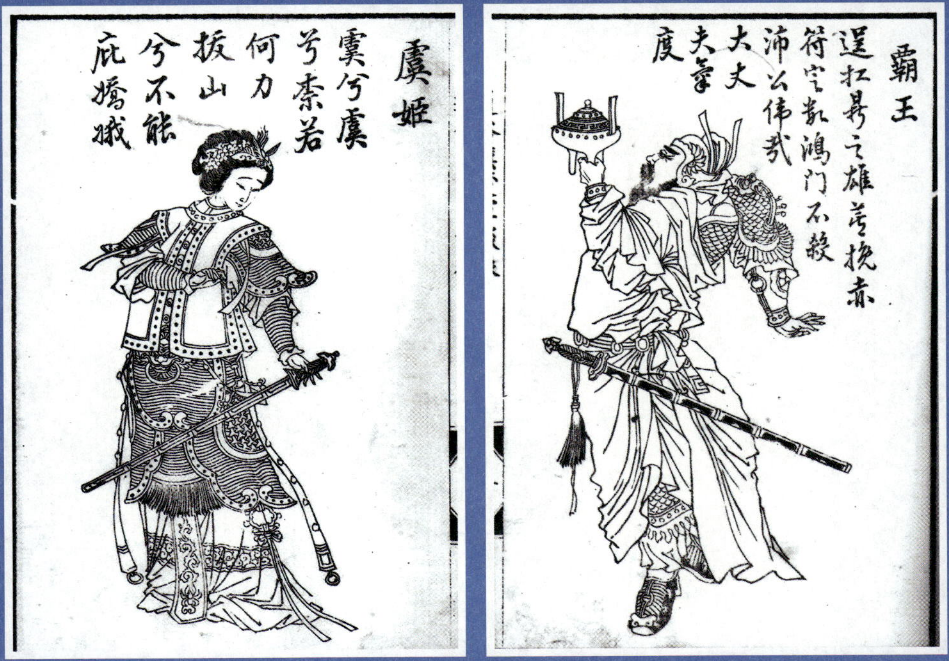

项羽与虞姬 《通俗汉楚军谈》绣像，沈香阁藏版，1882 年（笔者藏）

鹤冈八幡宫的匾额（“八”为双鸠图案）
（笔者拍摄）

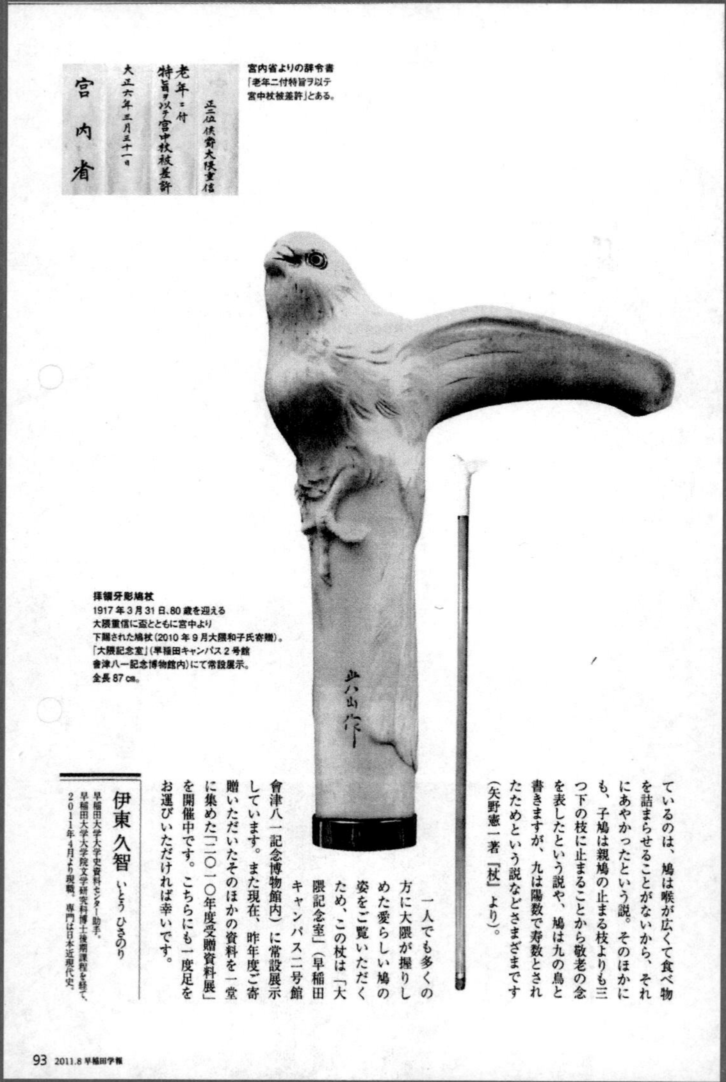
正二位侯爵大隈重信
老年ニ付
特旨ヲ以テ宮中杖被差許
大正六年三月三十一日
宮内省

宮内省よりの辞令書
「老年二付特旨ヲ以テ
宮中杖被差許」とある。

拝領牙彫鳩杖
1917年3月31日、80歳を迎える
大隈重信に盃とともに宮中より
下賜された鳩杖（2010年9月大隈和子氏寄贈）。
「大隈記念室」（早稲田キャンパス2号館
會津八一記念博物館内）にて常設展示。
全長87㎝。

ているのは、鳩は喉が広くて食べ物を詰まらせることがないから、それにあやかったという説。そのほかにも、子鳩は親鳩の止まる枝よりも三つ下の枝に止まることから敬老の念を表したという説や、鳩は九の鳥と書きますが、九は陽数で寿数とされたためという説などさまざまです（矢野憲一著『杖』より）。

一人でも多くの方に大隈が握りしめた愛らしい鳩の姿をご覧いただくため、この杖は「大隈記念室」（早稲田キャンパス二号館會津八一記念博物館内）に常設展示しています。また現在、昨年度ご寄贈いただいたそのほかの資料を一堂に集めた「二〇一〇年度受贈資料展」を開催中です。こちらにも一度足をお運びいただければ幸いです。

伊東久智　いとう ひさのり
早稲田大学大学史資料センター助手。
早稲田大学大学院文学研究科博士後期課程を経て、2011年4月より現職。専門は日本近現代史。

大隈重信的“鸠杖”
《早稻田学报》2011年8月号

汉代彩绘木鸠杖
甘肃省博物馆藏
2022 年 6 月 17 日—2022 年 9 月 11 日，苏州博物馆“天下惟宁：汉代文明的四张面孔”展

用竹马游戏的儿童

明嘉靖年间“青花婴戏图盖罐”罐身图案

2018 年 11 月 6 日—2019 年 2 月 22 日，北京 · 故宫博物院“明代御窑瓷器——景德镇御窑遗址出土与故宫博物院藏嘉靖、隆庆、万历瓷器对比展”（笔者拍摄）

仓颉

《历代君臣图像》下卷

早稻田大学图书馆藏

第二部

中国小说与教材

第四章
古典文学（汉文）篇目《人面桃花》

一、导言

2013 年度，新版《高中学习指导纲要》开始施行。“国语综合”成为共通必修课程，要求学生“全面掌握本科目的基础内容，培养综合语言能力”，修订的重点在于加强传统文化的教育。“国语综合”成为共通必修课程，意味着高中阶段必须学习“古典文学”。此外，五门选修课程“国语表达”“现代文 A”“现代文 B”“古典文学 A”“古典文学 B”，原则上在修读完“国语综合”之后修读。

新教科书从 2013 年新学年开始使用，均为审定后出版。第一学年使用的《国语综合》教科书有九家出版社[1]出版，共计 23 种。第二学年之后使用的选修科目《古典文学 A》教科书有四家出版社[2]出版，共计 5 种，《古典文学 B》有十家出版社[3]出版，共计 18 种。在这样的学习古典文学的环境中，通览教材中的汉文篇目，可以发现，不管是《国语综合》还是《古典文学 B》，都收录了同样的篇目，即唐代传奇小说《人面桃花》。

大修馆书店

《国语综合·古典文学篇、汉文篇》“六 唐代传奇”（同时收录《汉文入门〈桃之种种〉》）（一海知义[4]）

大修馆书店

《新编国语综合·古典文学篇、汉文篇》“4 欢迎进入物语世界”（同

时收录《鸡鸣狗盗》）

明治书院
《高中古典文学B·汉文篇、后篇》“3 小说”（同时收录《死友》《酒虫》）

三省堂
《高中古典文学B·汉文篇》第二部之“四 小说”（同时收录李复言《杜子春传》）

三省堂
《精选古典文学B·汉文篇》第二部之“三 小说”（同时收录李复言《杜子春传》）

在“国语综合”类教材方面，大修馆书店一社2种教材收录了《人面桃花》；在“古典文学B”类教材方面，明治书院与三省堂两社3种教材收录了《人面桃花》。关于这部作品，本文将从教学环境的视角出发进行分析，考察的重点之一是在这篇以崔护与女主人公的相遇开篇的小说中，女主人公死而复生的结尾。

二、解读《人面桃花》

俗话说“缘分妙不可言”。如此说来，迎来送往的“门”，具有作为分界线的关键意义，在这个空间上演着各种聚散离合。

以唐代传奇小说为例，白居易之弟白行简的《李娃传》是其中翘楚。主人公进京赶考，在京城游玩时从平康坊东门进入鸣珂曲，看见一位绝代佳人倚靠着侍女站在门口。他怦然心动，为了多看一眼，故意把马鞭掉落在地上，等后面的侍从捡起[5]。女子注意到他，也目送秋波。灼热的目光交汇，引发了之后的感情故事。后来主人公询问消息灵通的友人才得知，女子是长安有名的倡优李娃。为了达成心愿，他去到李娃家，以借宿为由得以成就一段佳缘。一年之后，资财挥霍一空。正所谓露水夫妻，财尽缘尽。被逐出门外的主人公沦为哀歌的歌者、乞丐。故事从主人公的悲剧开始。他和李娃的重逢，也与“门”有关。一个大雪天，有一门独启左扉，门外有男子疾呼饥寒交迫。李娃听出那熟悉的声音，施以援救并帮助他科举及第，故事迎来大团圆的结局。

《李娃传》以“门”作为相遇和重逢的空间，《人面桃花》更是开场便出现了“门”，男女主人公在这里相遇。次年春天崔护再去探访，却不见女子的踪影，便在门上写下了《人面桃花》的诗作——正是他们相遇的那扇门。几天后，崔护又去了那户人家，女子的父亲出现在门口，责怪他害死了自己的女儿，由此才有了接下来女子复活的情节。“门”在故事中起到关键的作用。

《人面桃花》最早出自唐代孟棨的《本事诗》，被收入宋代《太平广记》卷二七四《情感》，题为《崔护》，注明“出《本事诗》”。文章开头这样介绍：

> 博陵崔护，资质甚美，而孤洁寡合。

崔护富有才华，个性清高寡合，进京参加进士考试，结果落第。清明节独自到都城南门外郊游，遇到一户庄园，占地一亩左右。清明是扫墓的日子，同时也是欣赏新绿的“踏青”时节。崔护只见园内花木茂盛，悄然无人。

被花木吸引的崔护仿佛进入了桃花源，他走上去叩门。一个女子从门缝里问他来意，得知他来讨水喝，便端来水，打开门请他进去小坐。她独自倚靠着桃树斜斜伸出的枝干，“意属殊厚”，对客人抱有深厚的好感。文中描述她的容貌“妖姿媚态，卓有余妍”。

小说的开篇类似刘晨、阮肇的误入仙境[6]。崔护对女子“以言挑之”。根据史传的记载，郁郁不得志的穷书生司马相如受邀到临邛富人卓王孙家做客，他用琴声向新寡的卓文君传达爱慕之情，即“以琴心挑之”[7]。《人面桃花》的“以言挑之”应该受到了《史记》的影响。

崔护用言语表达了自己的心意，而女子并不回应，“目注者久之”。可见女子十分害羞。崔护起身告辞，女子似乎不舍地回到屋里。崔护也怅然踏上归途，二人未能互通心意。

第二年清明，崔护忽然想起去年的事，无法抑制思念之情，直奔南郊的庄园。门院都和去年一样，门却上了锁。崔护便在左边的门扇上题诗：

去年今日此门中，人面桃花相映红。
人面不知何处去，桃花依旧笑春风。

那是去年今日于门中所见，女子的容颜和桃花竞相争艳。把去年今日和眼前的景象进行对比，在菅原道真的汉诗《九月十日》中也有类似的表达。被贬大宰府的道真在重阳节回想去年此时，吟咏“去年今夜侍清凉”，以过去的荣光反衬今日的落魄。

崔护的诗里，把去年女子的“人面”和眼前的“桃花”进行对比。站在闭锁的门前，不知道牵挂的人去了哪里，只有桃花依旧在春风里绽放。唐代刘希夷的《代悲白头翁》中有这样的对偶句：

年年岁岁花相似，岁岁年年人不同。

诗句将花与人对比，是脍炙人口的佳句。《人面桃花》中，美丽的“人面”和园中馥郁的“桃花”也形成了鲜明的对比。女子读后为之心动。时间流逝，相思的人儿无缘相见。女子的父亲的一番话，揭示了这种郁结的心情。

几天之后，崔护偶然再度去城南，归途中又去了那户人家，听见里面有哭声，便叩门询问，老父出来问道：“君非崔护耶？”听说来人正是崔护，老父哭道：“君杀吾女。”他告诉惊诧不已的崔护，自己的女儿已“笄年知书，未适人，自去年以来，常恍惚若有所失”。“笄年”指女子年满十五，须束发插簪。之所以尚未让女儿出嫁，就是想找个可靠的君子，让自己老有所养。老父又说，女儿前几天回家时见左边门扇题有诗句，她读完后，进门就病倒了，绝食数日而死。

老父恸哭不已，说女儿不幸殒命都怪崔护。之后便是崔护见到死去的女子与女子死而复生的故事。崔护十分悲痛，请求进去哭祭，见死者安静地躺在床上。崔护便把她的头枕在自己的腿上，哭着祷告："某在斯！"没多久，女子睁开眼睛，半天之后起死回生了。老父大喜，把女儿嫁给了崔护。

《人面桃花》的典故属于口传文学"说话"领域中的"小说"，为单章短篇，以说书的形式上演。宋代罗烨的《醉翁谈录》[8]卷一《舌耕叙引·小说开辟》中收录了当时"小说"的剧目与话本之类。"传奇"类中不仅有《李亚仙》[9]（《李娃传》）、《莺莺传》、《章台柳》、《卓文君》，还收录了《崔护觅水》。

"人面桃花"这一标题出自崔护的诗作《题都城南庄》，而"崔护觅水"则源自开篇"觅水"的情节。虽然标题不同，但都出自唐代孟棨的《本事诗》[10]。

《人面桃花》讲述了在"门"的空间内萌生的恋情与相思，以及女子一年来若有所失、读到题诗后深受打击、突然病逝，以及崔护抱着她祷告，女子最终复活的情节。在主题的铺陈中，有一句"崔举其首枕其股，哭而祝曰，某在斯。""某在斯"见于《论语·卫灵公篇》。

> 师冕见，及阶，子曰，阶也。及席，子曰，席也。皆坐，子告之曰，某在斯，某在斯。师冕出，子张问曰，与师言之道与？子曰，然，固相师之道也。

《论语》中"某在斯，某在斯"指孔子告诉名叫冕的乐师："某某在这里，某某在这里。"《人面桃花》中崔护所说的"某在斯"，意为"我在这里"，仿佛一句符咒，将女子的魂魄召回了阳间。这无疑是男女灼热情爱的咒语。

然而，如果说这种祷告、呼唤的行为仅限于这部作品，其实不然。

三、《买粉儿》中的男女

《太平广记》卷二七四《情感》的首篇，即《崔护》的前一篇《买粉儿》中也存在类似的祷告与复生情节。作品的梗概如下：

一个富人家的独子，从小娇生惯养。他偶遇卖胡粉的美丽女子，一见钟情。他因无法表达爱意，便每日去她家买粉，买完即走，并不多言。日子久了，女子心中生疑，便问男子买粉何用。男子说心中喜欢却难以启齿，只好借买粉一睹芳容。女子深为感动，便私下相许，约了次日晚间相见。那晚，男子在房中等候女子。傍晚时，女子如约而至。男子喜不自胜，握住女子手臂，口中说着“夙愿得偿”，欢欣间突然没了气息。女子极为惶惧，跑回店里。

第二天到了吃饭时间，男子的父母不见他起床，感觉奇怪。去房中一看，儿子已经气绝，他们在箱子里发现了一百多包胡粉。母亲断言：“杀我儿者必此粉也。”于是寻遍所有卖胡粉的店铺，到女子的店里，见粉包上的字迹与儿子所买的相同，便抓住女子质问：“何杀我儿？”女子呜咽着讲述了事情的经过，然而男子的父母并不相信，告到官府。女子祈求：“妾岂复吝死，乞一临尸尽哀。”县令答应了她的请求。女子抚摸着男子的身体恸哭道：“不幸至此，若死魂而灵，复何恨哉。”男子忽然复活，讲明了事情原委。最后两人结为夫妻，子孙繁盛。

这个故事出自《幽明录》，该书为以《世说新语》闻名的南朝宋的文学家刘义庆所撰。故事中，女子抚摸男子的身体，哀怜死者的魂魄。与《人面桃花》相比，虽然主人公性别不同，祷告的目的却如出一辙。因此，这一主题可以从唐代上溯至南北朝时期。

有趣的是，《太平广记》经明代冯梦龙删辑，编为《太平广记钞》。《太平广记钞》性质上是《太平广记》的精简版。《太平广记钞》卷十九《感应》中，将《买粉儿》标题改为《卖粉儿》，并将其与《崔护》前后相续。在两篇的结尾处，冯梦龙添加了评语“二事恰好对股文字”。“二事”自然指《卖粉儿》与《崔护》；“对股”有对偶、对仗的意思。一篇是女哭男，另一篇是男哭女，都是招魂复生，构成情节相反、主题相同的一对作品。两篇作品分别起源于六朝和唐代，明代冯梦龙跨越时代，着眼于故事的类型，添加评语，视之为同类的一对故事。

冯梦龙的评语独具慧眼。除《人面桃花》外，唐代传奇中的一篇代表作《霍小玉传》[11]也是男哭女类型的故事。

四、《霍小玉传》中的负心与薄命

蒋防所著《霍小玉传》以大历十才子之一的李益为主人公，讲述他经媒婆鲍十一娘介绍，与霍王之女霍小玉双宿双栖，宛如楚怀王与巫山神女、曹植与洛神的欢愉。深夜，霍小玉涕泪而言：

> 妾本倡家，自知非匹。今以色爱，托其仁贤。但虑一旦色衰，恩移情替，使女萝无托，秋扇见捐。极欢之际，不觉悲至。

“女萝”为蔓草名，“女萝无托”指蔓草失去了依托。下一句“秋扇见捐”指秋天的扇子因无用而被舍弃。“秋扇”的确象征了霍小玉将来的遭遇。她之所以不被无端舍弃，是因为其前提是“一旦色衰，恩移情替”。霍小玉想到世事无常，容颜终会衰老，最终难免“恩移情替”。“秋扇见捐”化用了汉代班婕妤《怨歌行》的诗句“弃捐箧笥中”（参见本书第十一章）。霍小玉借物喻人，以“女萝”“秋扇”比喻自己的命运。无论长幼，随着时间的流逝，身体都在不知不觉中渐渐衰老。“秋扇”的语意十分含蓄。“秋扇”之“秋”，不仅指“凉风夺炎热”的时节，也意味着人生的秋季，暗喻随着时节变迁，肉体也逐渐衰颓。恋人的低语呢喃，令李益感慨地立下誓言：“粉骨碎身，誓不相舍。”并将盟约写于素缣之上。可见霍小玉所说的“女萝”“秋扇”充满对未来的忧虑，也打动了男人的心。

然而，两年后的春天，李益通过了书判的任用考试，四月将赴任郑县主簿。他和霍小玉约定八月迎娶，却听从母亲安排与卢氏结为连理。霍小玉一直没有李生的音信，恼恨他薄情而卧病不起。霍小玉所说的“秋扇”的无常命运竟然变成了现实。李益因毁约而愧疚，为了迎娶卢氏到了京城，却躲避霍小玉，不让她知道。而后豪侠之士同情小玉的遭遇，逼迫李益与小玉相见。小玉从病床上起身，斜视着李益，举杯把酒倒在地上。

> 我为女子，薄命如斯。君是丈夫，负心若此。韶颜稚齿，饮恨而终。慈母在堂，不能供养。绮罗弦管，从此永休。徵痛黄泉，皆君所致。李君李君，今当永诀。我死之后，必为厉鬼。使君妻妾，终日不安。乃引左手握生臂，掷杯于地，长恸号哭数声而绝。母乃举尸，置于生怀，令唤之，遂不复苏矣。

李益负心，小玉薄命。因果报应使小玉无法尽孝含恨而死，她说要变成“厉鬼”，是对李益充满怨念的诅咒。小玉恨恨地说完，伸出左手握住李益的手臂，扔了酒杯，放声痛哭了几声就断了气。这时，小玉的母亲抱起小玉放在李益怀里，让他呼唤小玉。但小玉最终未能苏醒过来。

霍小玉如“秋扇”般红颜薄命，死不瞑目。她化为厉鬼，让李益猜忌自己的妻妾，以至于娶妻三次，都是如此。后世以“李益疾”一词谓男子善妒之痴疾。这也体现了小玉虽然早逝，遗恨却一直影响到后世。

这个故事充满悲剧性。气绝身亡的小玉躺在李益怀里，无论怎么叫她的名字都未能复活，恰如“秋扇”被遗弃的隐喻。冯梦龙在编辑《太平广记钞》时，把《霍小玉传》置于最末第八十卷《杂志》的最后一篇。冯梦龙不仅慧眼识珠，其点评也水准极高。

五、礼仪习俗与情爱

通过以上例证可以发现，在讲述年轻男女恋爱故事的中国古典小说里，因情爱纠葛男女一方死亡的故事并非个案。其中的共同点在于，生者痛哭并呼唤死者的名字。虽然死者是否复活的情节存在差异，但其根本都在于“复”的习俗，即招魂。关于“复”的礼仪，《礼记 · 礼运》记载道：

及其死也，升屋而号，告曰："皋，某复。"然后饭腥而苴孰。

（当他死后，家属上到屋顶高喊："喂，某某，回来吧。"然后把生稻生米含在死者口中，用草叶包裹熟肉。）

所谓"某复"，是呼唤死者名字进行招魂，祷告魂魄回到人世。《礼记》中记载的是家属到屋顶上高喊。而日本人认为人死后去往"黄泉之国"，因此会对着通向地下的深井高喊"勿去"。两种行为意趣相同[12]。关于"复"，《礼记 · 丧大记》中也有说明：

复衣不以衣尸，不以敛。妇人复，不以袡。凡复，男子称名，妇人称字。唯哭先复，复而后行死事。

（招魂时用的衣服，不穿到死者身上，也不用作敛衣。为妇人招魂时，不用她出嫁时的礼服。招魂时，男子呼其名，妇人呼其字。只在招魂之前哭泣，招魂之后进行其他丧事。）

《人面桃花》中的"某在斯"、《买粉儿》中的"若死魂而灵，复何恨哉"、《霍小玉传》中的"令唤之"，都是呼唤死者的名或字进行招魂。《礼记 · 问丧》中有关于殓葬的记载如下：

三日而敛，在床曰尸，在棺曰柩。

此外还有"死三日而后敛"之语，即人死亡三日之后才入殓。人死之后，亲属哭泣三日，待其复生。三日仍未复生，则认为其永别人世了[13]。

回到教科书的话题。《人面桃花》中崔护面对容貌如生的女子，"哭而祝曰，某在斯"。这似乎是仅限于崔护个人的戏剧性行为。然而，这也是传承了"哭""复"的礼仪习俗的行为。即使故事发生在特殊的环境——

年轻的恋人一方突然早逝，生者抱着死者，但这一行为本身属于普遍的礼仪习俗的范畴，且存在多个同类事例。在理解故事情节的基础上，认识人物行为在礼仪习俗上的意义，对于学习异国文学是不可或缺的。在礼仪习俗中演绎的情爱才是重点所在，如果着眼于“志怪”的“怪”、“传奇”的“奇”，进行失之偏颇的理解和阐释，就可能导致无视故事本质的结果。

惊蛰时分桃花绽放，烂漫的春光似乎在诱人探访他乡的桃花源。在中国古典文学的世界中，刘关张于桃园结义；《诗经·桃夭》歌咏桃花、桃实、桃叶，祝福婚姻美满、儿女满堂；传说中度朔山桃树的东北方有鬼门，神荼、郁垒在门前守卫；西王母有长生不老的蟠桃等。包含祝祷的意义在内，桃具有丰富的文化内涵。《人面桃花》把桃花与人进行对比，讲述男女的爱恋，这一典故根植于中国古代关于生死的礼仪习俗，历久弥新。然而，目前教材指导用书中的解说和注释，并未充分关注这一视角。因此，本章介绍了若干具有相似情节的小说，着眼于相同的情节设定进行分析考察。

注释：

1. 出版社名为：东京书籍、三省堂、教育出版、大修馆书店、数研出版、明治书院、筑摩书房、第一书房、桐原书店。
2. 出版社名为：东京书籍、教育出版、右文书院、第一书房。
3. 出版社名为：东京书籍、三省堂、教育出版、大修馆书店、数研出版、明治书院、右文书院、筑摩书房、第一书房、桐原书店。
4. 译注：一海知义（1929—2015），研究中国古典文学的日本学者，神户大学名誉教授。
5. 译注：典故“章台坠鞭”。
6. 译注：刘义庆《幽明录》中记载的故事。东汉永平年间，刘晨和阮肇去天台山采药，遇见两位仙女，被邀请至家中，并招为夫婿。半年后回家，子孙已过代。后重回天台山寻访仙女，却不见踪迹。
7. “以琴心挑之”见于《史记》卷一一七《司马相如列传》和《汉书》卷五十七上《司马相如传》。
8. 译注：文言传奇和话本小说集。罗烨编，十集，每集二卷，保存了大量古代小说、戏曲和其他通俗文学的资料。
9. 《醉翁谈录》癸集卷一《不负心类》收录了《李亚仙不负郑元和》的故事。长安倡优李娃字“亚仙”，男主人公“荥阳郑生”字“元和”。两人的“字”应该都是话本作者杜撰的。另外，在日本的室町时代，这个故事被改写为《李娃物语》。
10. 北宋《太平广记》卷二七四《情感》收录了《崔护》，注明“出《本事诗》”。南宋皇都风月主人的《绿窗新话》卷上也收录了《崔护觅水逢女子》并注明“出《本事诗》”。

11. 收录于《太平广记》卷四八七《杂传记四》。
12. 都是关于“招魂”“叫魂”的习俗，这些习俗与古人的生死观念相关。
13. 译注：【原文】或问曰：死三日而后敛者，何也。曰：孝子亲死，悲哀志懑，故匍匐而哭之，若将复生然，安可得夺而敛之也。故曰三日而后敛者，以俟其生也。三日而不生，亦不生矣。（《礼记·问丧》）

第五章
中岛敦的《山月记》与中国小说

第二次世界大战后的1951年，《山月记》首次进入日本的高中国语教科书。此后便持续出现在教材中，成为固定的篇目，并延续至今。这对于英年早逝的中岛敦而言，算得上不幸中的万幸，而且也有古典汉文教材收录了该小说的出典《人虎传》。本章结合比较文学的方法，对教材中的《山月记》《人虎传》进行相关考察。

一、唐代传奇小说的文本

描写李徵发疯变成老虎的唐代传奇小说的文本，根据内容的差异可以分成两类。一类题为《李徵》，出自《宣室志》（张读撰），收录于《太平广记》卷四二七《虎二》，之后抄录于冯梦龙编订的《太平广记钞》卷七十二《妖怪部·妖怪一》。另一类题为《人虎传》，收录于明代陆楫编《古今说海·说渊部》、清代陈世熙编《唐人说荟》（《唐代丛书》），《唐人说荟》中作者记为李景亮。两类文本不仅标题不同，内容也存在差异。最显著的差异在于是否有李徵即兴赋诗（七言律诗）的情节，《人虎传》中有，《李徵》中无。因为《山月记》中有即兴赋诗的情节，所以通常认为《山月记》的底本是《人虎传》。

两类文本中，《李徵》出自《宣室志》，作者为张读；《唐人说荟》中认为《人虎传》作者为李景亮，两者都是唐代人。由此可以推测李徵变成老虎的故事至少在唐代就已经出现了。另外，“人虎传”的题目见于南宋罗烨的《醉翁谈录》卷一《舌耕叙引·小说开辟》，属于“灵怪”类的“小说”。根据这一记载可知，“人虎传”的题目早在宋代就已出现，而且演变为宋代流行的口传文学“说话”中单章短篇题材的“小说”，以说书的形式上演。作品传播与接受的范围从原先的知识阶层扩展到大众读者阶层，这是作品演变史上的重要事实。

二、六朝志怪与“异”字的时空

六朝的“志怪”小说可谓唐代传奇小说的前身。“志怪”即“记述怪异”，大多简单朴素地记述神异和超自然的现象。人变虎的故事自然也不少见。《太平御览》卷八八八收录了一篇引自《齐谐记》(南朝宋东阳无疑撰)的故事《薛道恂》。梗概如下：

晋孝武帝太元元年（376 年），江夏郡安陆县有一男子名叫薛道恂，二十二岁，人很聪明。他不幸感染流行疫病，病好之后却发了疯，总也治不好，服用散药后疯得更加厉害。后来不知所终，变成一只老虎，吃人无数。一个女子在树下采桑，老虎扑过去吃了她，把钗钏藏在山石之间；后来重新变成人后，还知道去取。一年之后他回到家，变回了人，并出仕为官，做了殿中令史。晚上他和人聊天时，忽然讲起天地怪异之事。他主动说起从前得病发疯，变成老虎后吃了一年的人，还讲出吃人的地点和被吃者的姓名。在座的人中有父子兄弟被吃者，听后放声大哭，把他押送官府。后来，薛道恂被饿死在建康的监狱中。

《薛道恂》中这样描写老虎吃采桑女：“有一女子树下采桑，虎往取之食。食竟，乃藏其钗钏著山石间[1]。后还作人，皆知取之。”《人虎传》中也有类似的描写：

> 一日，有妇人从山下过。时正馁迫，徘徊数回，不能自禁。遂取而食，殊觉甘美。今其首饰犹在岩石之下也。

虽然“首饰”与“钗钏”有细微的差异，但是李徵自述女子首饰，以及被吃的是女性，这两点都在情节设定上与《薛道恂》相似。从这点可以推断，《薛道恂》的故事为《人虎传》提供了灵感，具有故事原型的意义。

志怪小说中，人变成虎的故事常常发展成虎又变回人，讲述自己变成老虎之后的经历，或在目击者的面前从人变成虎。薛道恂的故事也不例外。但是唐代传奇小说《人虎传》（《李徵》）的故事从李徵失踪、袁傪遭遇老虎起篇，随后通过变身为虎的李徵和旧友袁傪的对话推进情节。这种叙事方式新颖特异。作品中多处出现“异”字，体现出《人虎传》（《李徵》）有意识地围绕人变成虎的“异”进行铺陈。《人虎传》中“异”多达十三例，《李徵》中有八例，其中七例与《人虎传》相同。

例 1 人声而言曰：异乎哉，几伤我故人也。《李徵》例①

（第一例“异”字，出现在早晨虎从草丛中跳出，见是袁傪，又藏身草中的场景。虎发人声值得注意。虎开口的第一句话“异乎哉”中首次出现“异”字，表现出出乎意料的惊诧。）

例 2 忽闻其语，既惊且异，而莫测焉。《李徵》例②

（袁傪听见草丛中传出人声，也感觉惊诧错愕。借助“异”字，虎与袁傪构成了一组对应关系。）

例 3 虎曰：吾已为异兽。《李徵》无

（虎以“异兽”一词向袁傪解释现在自己真实的样子。）

例 4 圣明慎择，尤异于人。《李徵》例③

（虎夸奖袁傪的才华，以“异于人”赞扬天子圣明识才。）

例 5 交契深密，异于常友。《李徵》例④

（袁傪则自述与李徵交往甚密，“异于常友”。与例 4 构成一组对应的用例。）

例 6 则有毛生焉，心甚异之。《李徵》无
（李徵自述变成现在这副模样的经历，讲述发现自己长出兽毛时的感慨。《人虎传》中，李徵“临溪照影”，发现自己变身为虎。）

例 7 一旦化为异兽，有靦于人。《李徵》例⑤
（李徵自述饥饿难耐吃了人，其行为“负神祇”。以“异兽”表达自惭形秽的心境。）

例 8 傪且问曰：君今既为异类，何尚能人言耶。《李徵》例⑥
（袁傪没有用“异兽”，而是用淡化兽性的“异类”来形容李徵的变身，并询问为何变身之后还能说人类的语言。）

例 9 虎曰：食吾故人之俊乘，何异伤吾故人乎。《李徵》无
（袁傪提出赠送一匹马，供李徵食用。李徵则说吃马与伤害旧友无异。）

例 10 吾妻孥尚在虢略，岂念我化为异类乎。《李徵》例⑦
（李徵讲述妻儿还在虢略家中，不知道自己已经变成了“异类”。）

例 11、例 12 盖欲表吾外虽异而中无所异。《李徵》无
（袁傪让仆人记录李徵口授的诗文近二十篇。李徵又即兴作诗一首，来表明自己外表虽然改变，内在却依旧未变。）

例 13 我为异物蓬茅下。《李徵》无
（即兴诗中颔联的上句，讲述自己变身异类。与下句“君已乘轺气势豪”形成鲜明对比。）

由此可见，《人虎传》《李徵》中的“异”发挥了很大的作用。重要的是故事以“异”为主线，却没有仅仅局限于和“异”相关的叙事。作品

开篇采用史传的笔法，随后转入人变虎的“异”的世界，变身为虎的李徵与旧友袁傪重逢，由此展开基于友情的故事。因“异”而生发的李徵的诗人之心、家人之心，以及它们之间的冲突，意味深长。在托付家人、记录文稿的行为中，蕴含着两人的友情。作品以情谊深厚的袁傪照顾李徵的家人结束。作品的友情主题与一般的志怪小说不同，具有长久的生命力。

三、友情与《人虎传》的标题

松浦友久的文章《古典的魅力——从现代回望》(《汉诗——美的所在》，岩波新书，2002年）为理解《人虎传》《李徵》中蕴含的友情提供了一个新颖的视角。在这篇文章中，他指出中国古典诗歌中存在众多关于友情的作品，从比较文学的视角分析诗歌特征，并提出问题：为什么汉诗的世界里格外强调友情呢?

> 那是因为，中国拥有超过数千年激荡巨变的历史，王朝频繁更替。知识分子为了获得安定的生活，不能仅仅依靠由血缘、宗族建立的先天的、生理性的相互扶持体制，由友人、熟人建立的后天的、社会性的相互扶持机制非常重要。一般而言，为了维持“友情”——正因为它不依赖于血缘关系——更需要人为的意愿和努力。正因如此，“永恒的友情”作为深厚信义的象征，受到极高的评价。换言之，可以这样理解：诗歌中强调友情，不仅出于个人抒情的需要，也具有强化社会美德的功能。

李徵向袁傪托付家人，正是基于这种中国式友情。而袁傪以真诚的行为进行回应。虽然袁傪告诉了李徵的家人李徵变身为虎的事实[2]，但这本质上并非背弃信义的行为。可以看出作者彰显袁傪“社会美德”的意图。在某种意义上，《人虎传》《李徵》也具有记录袁傪善举的意义。

如果思考作品中的友情，那么《人虎传》的标题应该如何理解呢？《人虎传》一般被理解为人变虎的故事，那么“人虎”就意味着人变成虎，或者被虎附体的人。同样构词方式的汉语词汇中，“人马”“人鸟”表示人和马、人和鸟；“人豕”“人彘”表示变成猪模样的人；“人鱼”表示娃娃鱼，或者上半身是女人下半身是鱼的海中灵兽，据说吃了人鱼肉可以长生不老。《人虎传》中，作为人的袁傪和变成虎的李徵的对话发挥着叙事功能，“人”与作为异兽、异类、异物的“虎”形成鲜明对比，编织起整个故事。从这个特性来看，参考上述词语的语意，我们可以将标题中的“人虎”像“人马”“人鸟”那样来理解，即“人虎”是把人与虎进行象征性的并置。从标题便可以读出，这是袁傪“人”与李徵“虎”的“传记”，进一步来说，是这两者的对话构成的传记。正是这个对话的世界，在中岛敦的《山月记》中通过更加生动的人物形象塑造重获新生。

四、《人虎传》与《山月记》中的“月”

《人虎传》[3] 中除了李徵即兴诗中的“明月”，完全没有描写自然界的月亮。作品中出现四处“月”字。

例 1 家僮迹其去而伺之，尽月而徵见不回。

例 2 虎曰：我今形变而心悟耳。自居此地，不知岁月多少，但见草木荣枯耳。

例 3 此夕溪山对明月，不成长啸但成嗥。

例 4 后，回自南中，乃取他道，不复由此。遣使持书及赙赠之礼，讣于徵子。月余徵子自虢略入京，诣傪，求先人之柩。

例 1 讲述李徵失踪后，过了一个月还没有回来。“月”指一个月；例 2“岁月”指时间；例 3 是李徵即兴诗的尾联，“明月”指天上的月亮。李徵以即兴诗“欲表外虽异而中无所异，亦欲以道吾怀而吾愤也”，表明自己虽然外形有变，但内心无异。例 4“月余”指一个多月。

《人虎传》中，除了“明月”指月亮，其他的“月”都指岁月或时间，且没有出现“山月”的用例。那么，依据《人虎传》改写的《山月记》是怎样描写月亮的呢？

例 1 众人借着残月之光走在林间草地，忽然，草丛中跃出一只猛虎。

例 2 此夕溪山对明月，不成长啸但成嗥。

例 3 此时，残月光冷，白露湿地。林间冷风穿梭，预示黎明的到来。众人已然忘记了事情的离奇，感叹这位诗人的不幸。李徵继续说道。

例 4 昨夕，我也在彼处向月咆哮——有谁明白我的苦楚？

例 5 可是，野兽们只是畏惧地蹲伏着。山也好树也罢，还有月亮和露水，它们只不过觉得是一只老虎发了疯，在咆哮而已。

例 6 一行人走到山岗上，按照先前的吩咐，驻足向刚才的林间草地回望过去。只见一只猛虎从草丛中跳到路上，眺望着他们。老虎仰望暗淡苍白的月亮，咆哮了三两声，便又跳进草丛，就此消失不见了。

例 1 是袁傪赶早出行时遭遇猛虎的场景。“残月”是黎明前的月亮，即将淡入天幕。故事以“残月”开始，袁傪与李徵偶遇后叙旧，李徵抒怀吟诗。例 2 的诗句“此夕溪山对明月”里第二次出现月亮。这首诗出自《人虎传》，《山月记》用此诗讲述“现在的感怀”，诗中的“明月”呼应了环境的“残月”。李徵口述完即兴诗，例 3 的“残月”“白露”提示时间的推移，并由此转入“李徵继续说道”，引出一段深刻的独白，体现出《山月记》之所以为“记”的原因及其定位。

之前我说过，不明白为何有如此命途。然而细细想来，也并非全无端倪。（略）人人都是驭兽者。猛兽，是每个人的性情。对我而言，倨傲的羞耻之心是猛兽，是老虎。（略）渐渐地，我的头脑一天天地接近老虎。我该怎么办？如何面对我虚度的时光？我无法忍受。这样的时候，我就爬到对面山顶的岩石上，对着空谷咆哮。我想向人倾诉胸中焦灼的悲哀。

随后便是例 4："昨晚，我也在彼处向月咆哮——有谁明白我的苦楚？"李徵咆哮的对象是"月亮"。然而，如例 5 所示，包括"月亮"在内的所有对象，都认为"我的声音"不过是一只发疯的老虎在咆哮。长夜将尽时，李徵说："已到须复还醉态（变回老虎）之时。"他又以自嘲的口吻，向袁傪托付妻儿，使其无冻馁之虞。李徵最后一次以老虎的样子现身时，也出现了月亮，即例 6。此处的月亮从"残月"变为"暗淡苍白的月亮"，暗示即将天明。这是文中第六次出现月亮，也是最后一处。

《山月记》之中，所有"月"字都指"月亮"，且都在关键时刻出现，起到不可替代的作用。首先，"残月"处于黑夜与黎明的交界，为老虎的出现、两位主人公推心置腹的交谈提供了奇特的空间；其次，诗句"此夕溪山对明月"关联到作品中缺失的"山月"意象，"明月"成为"镜子"，折射出李徵的内心世界。

五、"月亮""镜子"与"水镜"

由"山月"一词，笔者想到国语教科书中收录有盛唐李白的五言绝句《静夜思》[4]。该诗也收录于《唐诗选》，脍炙人口。

> 床前看月光，疑是地上霜。
> 举头望山月，低头思故乡。

诗人望山月而思故乡。兴膳宏在《月光中的李白》[5]中评述道："通过对偶句，'山月'与'故乡'的关系被阐释得无比清晰。"月亮，将自己和远方之人联系在一起。在中唐白居易的《八月十五日·夜禁中独直对月忆元九》中，也有这样的诗句。

> 三五夜中新月色，
> 二千里外故人心。

中秋明月夜，白居易身处长安，思念远谪江陵的好友元稹。诗歌以“江陵卑湿足秋阴”结尾，体现出深厚的友情。

被誉为日本古典文学中的经典的《源氏物语》之《须磨》卷中，光源氏谪居须磨。秋风既起，中秋月明。他回想起往昔在殿上游戏管弦，吟诵了这句“二千里外故人心”，并思及出家为尼的藤壶去年秋夜吟诗“深宫雾锁九重隔”，不觉潸然泪下。他又想起酷似先帝（桐壶帝）的朱雀帝，吟诵了菅原道真贬谪大宰府时所作的《九月十日》中的诗句：

恩赐御衣今在此

光源氏在须磨体验到白居易、菅原道真所吟咏的谪居感怀。这一段可谓日本文学接受中日双方古典文学的典范，非常适于学习古典文学的流变。

赏月与思乡的相关性，在杜甫思念妻儿的五言律诗《月夜》中也可窥一斑。

今夜鄜州月，闺中只独看。

杜甫身在长安，思念远在鄜州（今陕西省富县）的妻儿。杜甫在长安赏月，联想到妻儿在鄜州看着同样的月亮，祈祷能早日团聚。月亮引发思念之情，维系心与心，发挥着心象回路的重要作用。同时，满月的形状隐喻“团圆”“团聚”。中秋赏月吃“月饼”的习俗，也象征着家庭团圆、团聚。满月的圆形，与铜镜的形状相同。因此“镜”也常用于比喻满月。李白的《把酒问月》第五句为“皎如飞镜临丹阙”，“飞镜”即为月亮，具有“映照”“照亮”的功能。南朝徐陵的《玉台新咏》卷十中收录的《古绝句（其一）》，其第四句为“破镜飞上天”。所谓“破镜”，便是以形状代指上弦月或下弦月。

通过考察月亮的文学内涵，我们可以发现月亮是思念离别之人、故人的重要意象，同时也具有“镜子”的功能。那么，李徵是如何察觉自己变身为虎的事实的呢？

及视其肱髀，则有斑毛生焉。心甚异之。既而临溪照影，已成虎矣。（《人虎传》）

他忽然发现，手脚上好像长了毛。天色已亮，来到溪边。照见自己的影子，已然变成了老虎。一时间不敢相信自己的眼睛。(《山月记》)

《人虎传》中李徵亲眼发现体毛的异常，然后借助“水镜”确认全身的样子[6]。《山月记》沿用了这一设定。李徵通过“水镜”确认长出兽毛的事实，这正是故事的起点。《伊索寓言》中有一则题为《叼着肉的狗》的故事，狗为了抢肉而对着水中的倒影吠叫。两者存在明显的差别。如果考虑以“水镜”认识自己的方法，那么可以说《山月记》中的“月亮”承担了“镜子”的功能，推动了情节的发展。

六、对月咆哮

《山月记》的情节立足于人变虎的怪谈，探寻变身为虎的李徵的心理轨迹和内心苦衷。从李徵的即兴诗[7]可以窥见他变身异类的苦衷。诗的尾联是“此夕溪山对明月，不成长啸但成嗥”。“长啸”是撮口发声，声高且长，进而引申为高声吟诵诗歌、长啸作歌等意思。“啸”原本是指运用唇、舌、齿等发音器官，从腹腔呼气发出清越绵长之声的口技[8]。老虎长鸣称为“虎啸”。“虎啸风生”表示英雄豪杰乘时奋起。“嗥”表示野兽大叫。李徵咏怀自己的境遇：有心长啸却不能如愿，作为诗人也壮志难酬。在“残月光冷”，即第三次出现“月亮”之后，李徵讲述了自己的行动，“昨夕，我也在彼处向月咆哮”。这里的“昨夕”与之前的“此夕”一样，都有“夕”字。“夕”是弯月的象形文字，本意为“夜晚”。“此夕”指今夜，“昨夕”指昨晚。可以认为，《山月记》中黎明前所说的“昨夕”，和即兴诗中的“今夕”是同一时间。“在彼处向月咆哮”对应诗中的“此夕溪山对明月，不成长啸但成嗥”。

李徵咆哮的对象是映照山峦、溪流的明月，袒露的正是被明亮的月光清晰映照出的内心冲动。如果考虑明月的镜子功能，咆哮也可被理解为借助皎洁的明月之镜进行自我观照而引发的冲动。《山月记》中李徵通过自我观照和自我剖析，自述养肥性情中的“猛兽”——老虎的经过。他把旧文托付给袁傪、了结心愿之后，提出了一个请求。

> 不过，分别前我还有一个请求，就是我的妻儿。（略）原本，我应该先向你托付这件事——如果我是人的话。我太过看重自己贫瘠的诗才，胜过即将面临冻馁的妻儿，所以才变成这样的野兽。

这是李徵的自我反省。文章最后描写了由衷地期望友人帮助妻儿的李徵。正如即兴诗中“此夕溪山对明月”所揭示的，他眺望月亮，被明月激发出对故人、家人、故乡的思念，期盼无缘实现的团圆。诗句中蕴含着中国古典诗歌的传统——以明月寄托对家人的思念。

在《人虎传》中，李徵向袁傪托付家人的内容，出现在请求笔录其旧文之前。换言之，李徵首先提出了托付家人的请求。而《山月记》更改了两者的顺序，其意图十分明确，即强调李徵难舍对于作诗的执念，凸显他人性的缺失。

综上所述，《山月记》可以被视为李徵以“山月”——明月为媒介进行自我观照的故事。其中也包含了他难以实现的归乡、与家人团圆的愿望。李徵的即兴诗，尤其是尾联中折射的李徵的心象，以“山月”为象征，被提炼成《山月记》的标题。变身为虎的李徵“不成长啸”，身为诗人的李徵也未臻“虎啸”之境。作品深入挖掘的，正是这样的人之性情。虎——李徵在明月映照的自然空间中的自我观照，依旧在东方式的世界观中延续。

注释：

1. 译注：原文引自《太平御览》卷八八八，作“乃藏其钗钏著山石门”，据明嘉靖刻本《太平广记》校。
2. 译注：李徵原本叮嘱袁傪“但云我已死，无言今日事”。
3. 《国译汉文大成》文学部第12卷，国民文库刊行会，1920年12月。

4. 译注：日本汉诗教学中的《静夜思》版本与中国语文教学中的版本存在若干差异。如第一句的“看月光”、第三句的“望山月”。据考证，日本的《静夜思》是唐宋时代的版本；中国通行的版本经明清时期的修订，演变成现今的版本，因蘅塘退士编撰的《唐诗三百首》而广为流传。
5. 《中国文学报》第 44 册，京都大学文学部中国语学中国文学研究室，1992 年 4 月。
6. 《李徵》中仅讲述“则有氂毛生焉”，没有临溪照影的部分。
7. 关于即兴诗的描述存在有趣的“异”。《人虎传》为“傪复命吏以笔授之”，即让随从把笔给已经化身为虎的李徵写诗。故事属于“怪异”的范畴。《山月记》改写为“袁傪命令下吏进行笔录”。没有人手则无法握笔，从中可以窥见中岛敦的逻辑性思考。因此，对于如何把握“怪异”，中日之间的确存在“差异”。
8. 泽田瑞穗《啸之源流》（《东方宗教》第四十四号，日本道教学会，1974 年 10 月），后收入《中国的法术》（平河出版社，1990 年 5 月修订版）。

第六章
日本语文教科书中的《故乡》

一、教学实践中的鲁迅

1995 年前后开始的数年时间里，笔者在早稻田大学讲授鲁迅的《狂人日记》。这是必修的中国文学研讨型课程，面向教育学部国语国文学科二年级本科生开设。选课的学生并非都学习过中文，因此笔者以中文零起点为前提，让学生迅速掌握中文的发音，文章的一部分用中文朗读，使学生感受中文的音韵，逐一讲解词义、语法，然后让学生逐一进行课堂交流，并进行点评和讨论。课程目标是通过中国首部现代白话文小说《狂人日记》，让学生理解与“文言”相对的“白话”文学世界。学生对课程的反应各有不同。在进入正题之前，笔者对学习者展开了简单的问卷调查：是否知道鲁迅？是通过怎样的途径了解的？知道哪些作品？ 90% 到 95% 的学生知道鲁迅，绝大多数是通过初中教材中的《故乡》，也有一些学生仅仅作为文学常识知道鲁迅，还有的学生在国语之外的世界史、日本史课程中对鲁迅有所了解。

鲁迅的《故乡》最初被刊载于 1921 年五月号《新青年》，至今已历经百年。作品问世之后，被收录于 1923 年 8 月出版的鲁迅第一部小说集《呐喊》，这篇具有自传性的鲁迅代表作被海内外读者广泛阅读。邻国日本最早的译本出现于 1927 年，即小说问世六年之后。这一年的《亚细亚文化研究号》上，刊登了《故乡》的第一个日译本。

这一值得纪念的译本占据了杂志 12 页的篇幅，同时收录的还有李朝威的唐代传奇小说《柳毅传》（日文标题为《龙女的故事》）。然而通过目录、正文、后记都无法判断《故乡》的译者是谁。在这篇无名氏的译作的结尾处，附有作者简介[1]。

> 鲁迅，原名周树人，浙江人，现为北京大学、广东中山大学教授。《中国小说史略》之外，著有《呐喊》《彷徨》等。民国一流的短篇小说作家，时年四十七。

鲁迅生于 1881 年，“时年四十七”是虚岁。简介明确指出鲁迅是同时代中国的代表作家。但是没有提及他的留日经历，让人有些费解。这篇无名氏的翻译开创了《故乡》日译的先河[2]，直到五年之后，才出现了佐藤春夫署名的译本。

刊登于 1932 年一月号《中央公论》的佐藤春夫的翻译，对之后的《故乡》翻译产生了重大的影响。佐藤本人在《翻译鲁迅〈故乡〉〈孤独者〉的时候》（收录于《鲁迅指南》，岩波书店，1956 年 10 月）中自述，刚开始阅读了英译本，为之感动，然后对照中文原文进行了翻译。他说《故乡》的妙处在于“童话般的世界与苦涩的现实世界的洋流交汇处”。

正如洋流交汇处种类繁多的鱼儿生息繁衍，看似单纯的《故乡》也自然而然地蕴含了文学的各种问题和美学，拥有许多关于文学、人生的教诲。佐藤春夫因此感叹：“高中教材不收录这篇虽然很正常，我却感觉不可思议。”

值得注意的是，在这样的中国文学译介的过程中，《故乡》于“二战”后的 1953 年进入初中国语教材，至今已成为稳定收录的篇目，被人们视为经典篇目。尤其令人惊异的是，1972 年中日邦交正常化之后，《故乡》被各家出版社收入教材，至今已有半个世纪。笔者在课堂上了解到，超过八成的学生在初中教材中读过《故乡》。不过，也存在教材收录但学校不教授的情况。笔者看过一些读书报告，也和学生聊过这篇作品，深感这篇文章并不容易理解。

根据 1997 年 2 月刊载的吉原英夫的《〈故乡〉研究 · 实践文献目录》[3]，能够清楚地了解截至 1996 年 8 月的《故乡》研究与教学实践的历史。另外，藤井省三的《鲁迅——〈故乡〉的风景》[4]《东京外国语大学中文部——在交流与侵略的夹缝中》[5]《鲁迅〈故乡〉阅读史》[6]多角度地展示了《故乡》的阅读史、接受史，具有参考价值。

本书将在这些文献的基础上，对鲁迅的《故乡》进行分析考察。

二、《故乡》的对比结构

"我冒了严寒，回到相隔二千余里，别了二十余年的故乡去。"[7]——小说开篇便一下把读者吸引进《故乡》的作品世界。当"我"坦承："阿！这不是我二十年来时时记得的故乡？"读者已经身处"我"沉郁的内心之中。展现在眼前的现实中的故乡，令人感觉寂寥，与长眠于记忆深处的故乡产生了隔阂。当"我"要说出故乡的佳处来，"却又没有影像，没有言辞了"。

小说在现实与过去的故乡的对比中展开叙事，"我"思考产生隔阂的原因，透露将要"搬家到我在谋食的异地去"。与"故乡"相对的"异地"具有怎样的意义呢？

室生犀星写有诗句："故乡在远地，遥遥寄相思。""故乡"作为"远地""异地"的对立物而存在。王维在《九月九日忆山东兄弟》中写道"独在异乡为异客"，"异"字出现了两次。在这样的孤独中，他抒发了在异乡生活十六年的心境——"每逢佳节倍思亲"。与"故乡"相比，"异乡""异地"具有在"外"的沉重回响。"我"从谋食的"异地"回来，为了接上母亲和侄子而回到故乡。因此，无法否认"我"对故乡抱有浓重的惜别与感伤之情。搬去"异地"如同一道咒语，使"我"的心封印在忧郁之中。

在描写归乡心情的中国古典文学中，晋代陶渊明的《归去来兮辞》是典型的一篇。

> 归去来兮，
> 田园将芜胡不归？
> （略）
> 舟遥遥以轻飏，

风飘飘而吹衣。

陶渊明的归乡是轻松愉快的。“乃瞻衡宇，载欣载奔。僮仆欢迎，稚子候门。三径就荒，松菊犹存。”鲁迅的《故乡》却大相径庭。母亲迎着出来，侄儿宏儿也飞奔出来，而“瓦楞上许多枯草的断茎当风抖着”。回归故乡者与告别故乡者，心境是如此迥异。

陶渊明的《饮酒其五》，第一到第四句吟咏脱俗的境界，接下来的第五到第八句描述田园生活。

结庐在人境，而无车马喧。
问君何能尔，心远地自偏。
采菊东篱下，悠然见南山。
山气日夕佳，飞鸟相与还。
此中有真意，欲辨已忘言。

闲适的田园生活让诗人惬意得忘记了语言。而对于《故乡》中的“我”，故乡已不复存在。要记起故乡之美，说出它的佳处，“却又没有影像，没有言辞了。”两者表述相近，内在心境却截然不同。

小说从眼前的故乡与烙印在心底的故乡的对比起笔，现实与过去、语言与场景等的对比，在文章中发挥了重要作用。例如，听难掩寂寞的母亲说起闰土时，“我的脑里忽然闪出一幅神异的图画来”，然而这美好的回忆又和突然出现的杨二嫂、已不复从前“小英雄”形象的中年闰土形成对比。还有，下一辈的宏儿和水生的交好与“我”和闰土的关系形成对比。这样的对比在文中随处可见，给读者留下深刻的印象。这些对比对理解这篇小说也至关重要。

三、《故乡》的风景与描写

《故乡》鲜活地存在于中国的文化和生活之中。也许与其说是“中国的”，不如说是鲁迅的故乡绍兴的文化和生活更为贴切。冷风呜呜地吹进船舱中，从篷隙能看见外面的风景——与“我”的心象密切相关的船，是怎样的交通工具呢？乌篷船也好，白篷船也罢，让人心生即便是通过插图也想了解一二的想法。以这艘船为开端，未知的事件相继出现，绘就“故乡”的风景。

西瓜的大敌“猹”，三十多年轮到一回的大祭祀，给人做工的分忙月、长年、短工，“闰月生的，五行缺土”的少年闰土名字的由来，他的父亲寄托在明晃晃的银项圈上的心愿……

听到鲁迅的《故乡》，许多读者会联想到在海边看守瓜田的闰土。那是因为“我”回忆起的那幅景象太过鲜明。在中国，夏天的街道上西瓜随处可见。西瓜堆放在地上，卖瓜人搭了帐篷叫卖，晚上就睡在街边。就笔者的个人经历而言，看见这一场景时，脑海中浮现的就是《故乡》中的画面，以及咔嚓咔嚓咬瓜的“猹”。西瓜“危险的经历”不仅让只知道西瓜在水果店出售的“我”感到新奇，也让从未见过海边瓜田的笔者感觉十分新鲜。

海边的“小英雄”闰土所讲述的不仅有“猹”，还有稻鸡、角鸡、蓝背等鸟类，名为“鬼见怕”“观音手”的贝壳和“跳鱼儿”，等等。这不仅是“我”闻所未闻的珍贵体验，也让众多读者接触到未知的世界。1929年5月4日，鲁迅在给舒新城的信中写道：“‘猹’字是我据乡下人所说的声音，生造出来的……现在想起来，也许是獾罢。”另外，在浙江沿海地区，那两种贝壳被视为驱邪之物，人们把它们串成首饰戴在小孩的手腕或脚腕上。“鬼见怕”“观音手”的名字本身都具有驱邪的意义。后来闰土托父亲给“我”带来一包贝壳和几支很好看的鸟毛，这是两人友情的见证。

笔者印象很深的是中国特有的比喻。“我”回到故乡，意外地遇见昔日的“豆腐西施”杨二嫂。日译为“豆腐屋小町”，相传日本歌人“小野小町”是绝代佳人。西施则是中国四大美女之一。西施是越国人，而越国的都城会稽正是现在的绍兴。众多日译之所以统一为“豆腐屋小町”，其实受到1927年无名氏翻译中注释的影响。

豆腐西施（在日本则应称为豆腐屋小町吧。）

然而出现在“我”面前的，是一个“凸颧骨，薄嘴唇，五十岁上下的女人”，她“两手搭在髀间，没有系裙，张着两脚，正像一个画图仪器里细脚伶仃的圆规”。“圆规”是杨二嫂的代名词，但是为什么用“圆规”来形容她呢？当母亲在船上和“我”说起杨二嫂在灰堆里掏出十多个碗碟时，提到她是“小脚”。所谓“圆规”，是缠足的女人穿着尖头的小鞋，脚尖像圆规一样戳在地面上。缠足是旧中国的陋习之一，随着妇女解放而变为陈迹，“圆规”的比喻带有浓厚的时代特色。

文中以巧妙的比喻描写了闰土的变化：他身材增加了一倍，已经变得灰黄的脸上刻着许多皱纹，却全然不动，仿佛石像一般；一双手又粗又笨而且开裂，像是松树皮。

> 多子，饥荒，苛税，兵，匪，官，绅，都苦得他像一个木偶人了。

他分明地叫道：“老爷！……”让“我”感到一层可悲的厚障壁。“我”的容貌也发生了很大变化。儿时，闰土唤“我”作“迅哥儿”，给“我”带来很多快乐。

> 阿！闰土的心里有无穷无尽的希奇的事，都是我往常的朋友所不知道的。他们不知道一些事，闰土在海边时，他们都和我一样只看见院子里高墙上的四角的天空。

中国传统四合院由正房、前方左右两侧的厢房、与正房相对的倒座房围成一个院落。基于这种住宅样式的表述，颇具象征意味。从高墙围绕的中庭望出去，只看得见四方形的天空，却望不到自由的世界。这又关联到“我”感觉到的和闰土之间的“可悲的厚障壁”，以及将“我”隔绝的“看不见的高墙”。这“高墙”和“圆规”一样都是中国独特的表达方式，值得格外关注。

四、《故乡》的一种解读

1984 年 5 月，米田利昭发表了《鲁迅的〈故乡〉——“壁”之思》[8]，对这篇教材中的翻译小说进行了文学解读。文章富有趣味，给人颇多启发。在文中第二部分“《故乡》的解读与构造”中，米田将竹内好的旧译作为解读的对象，把作品分为四个部分，围绕论文副标题中的“壁”进行分析。现实的闰土出场，摧毁了主人公记忆中的形象——第三部分的解读中，米田首次提及“壁”这个关键词。

> “阿！闰土哥，——你来了？……”（略）
>
> 他站住了，脸上现出欢喜和凄凉的神情；动着嘴唇，却没有作声。他的态度终于恭敬起来了，分明的叫道：
>
> “老爷！……”
>
> 我似乎打了一个寒噤；我就知道，我们之间已经隔了一层可悲的厚障壁了。我也说不出话。
>
> ——闰土的“凄凉”是面对“厚障壁（厚い壁）”时的表情。那自然是旧时代延续下来的悬殊的身份差距。隔绝人和人的“壁”与“寂寥”纠缠在一起。

米田关注“我”察觉到的“可悲的厚障壁（悲しむべき厚い壁）”以及闰土面对“厚障壁（厚い壁）”的“凄凉”，指出“壁”与“寂寥”之间的关联。在随后讲述离开故乡的第四部分，米田继续围绕“壁”展开分析：

> 老屋离我愈远了；故乡的山水也都渐渐远离了我，但我却并不感到怎样的留恋。我只觉得我四面有看不见的高墙，将我隔成孤身，使我非常气闷；那西瓜地上的银项圈的小英雄的影像，我本来十分清楚，现在却忽地模糊了，又使我非常的悲哀。

——这是第二次出现“壁”，“寂寥”也再度出现。旧时闰土的小英雄影像随之消失。“我”开始思考将人隔绝的制度，即“厚障壁、高墙（厚い、高い壁）”。

米田着眼于第二次出现的关于“壁”的词句，即“看不见的高墙（目に見えぬ高い壁）”，着眼于“壁”来分析主人公的心象，同时也讲到文章结尾处的“希望”，指出“如果把闰土影像的生成、破灭、复活作为主轴，那么两次转折中都存在关于‘壁’的思考。换言之，意识到‘壁’的存在、盼望它崩塌，使小说情节产生转折”。

米田指出“壁”之思起到重要的作用，并回顾小说第二部分中关于“壁”的描写——少年时的“我”听海边少年闰土讲述那些奇异的事情，心想城里的孩子“只看见院子里高墙（高い塀）上的四角的天空”。“我”意识到被墙壁包围的状态，这成为重要的伏线。米田不仅注意到日译本中的“壁”，还关注近义词“塀”，将其视为伏线进行了一系列的解读，而且抓住竹内好在对自己旧译的解说中指出的“过去与现在”“自他关系”“希望与挫折”的种种对比，阐述了自己的观点：“‘自他关系’是对于自己与他人走过不同道路的思考，起初是微小的区别，却形成了巨大的差距。身为知识分子，试图背负产生这种差距的责任，这正是作者对‘壁’的思考。”

在旧时中国的城市构造中，城墙是不可或缺的。之所以称作城市，是因为有城墙的存在。即使是居住的空间，在传统的四合院里，包含围墙在内的各种墙面都是重要的存在，从院子中望出去的天空，是遮蔽性的空间中唯一开放的空间。

米田利昭指出的两种“壁”(厚い壁·高い壁)的对应关系，以及对伏线“高墙上的四角的天空”的理解，都是真知灼见，令人信服。然而阅读鲁迅的原文，便会发现依据竹内好旧译的阐释与文本解读之间存在隔阂。以下我们将对解读的差异进行具体的论证。

五、译词的对比研究

米田利昭在论文中提及的与“壁”相关的三个词，按在《故乡》原文中出现的顺序，依次分别是 A“高い塀”、B“厚い壁”、C“高い壁”。接下来，我们将列出这三个词所在句子的中文原文、米田使用的竹内好旧译以及 1976 年版之后初中教科书中使用的新译。

“高い塀”“厚い壁”“高い壁”三种表达中，原文中最先出现的是米田论文中视为伏线的“高い塀”。

A 原文

阿！闰土的心里有无穷无尽的希奇的事，都是我往常的朋友所不知道的。他们不知道一些事，闰土在海边时，他们都和我一样只看见院子里高墙上的四角的天空。

A 旧译

ああ、閏土の胸のうちには、汲めども尽きぬ不思議が満ちている。それは、私の遊び仲間の見も知らぬことばかりだ。彼らは何ひとつ知っていない。閏土が海辺にいるとき、彼らは、私と同様、中庭のなかの高い塀に囲まれた四角な空だけを眺めている。

A 新译

ああ、閏土の心は神秘の宝庫で、私の遊び仲間とは大ちがいだ。こんなことは私の友だちは何も知ってはいない。閏土が海辺にいるとき、かれらは私と同様、高い塀に囲まれた中庭から四角な空を眺めているだけなのだ。

比较原文和译文，可以发现“高い塀”对应“高墙”。然后是 B 部分，即和闰土重逢，听见他叫“老爷”时“我”的反应。竹内好用“厚い壁”对应“厚障壁”。

B 原文

我似乎打了一个寒噤；我就知道，我们之间已经隔了一层可悲的厚障壁了。我也说不出话。

B 旧译

私は身ぶるいしたような気がした。私たちの間に、すでに悲しむべき厚い壁が築かれたことをさとった。私は、口にする言葉を失った。

B 新译

私は身ぶるいしたらしかった。悲しむべき厚い壁が、ふたりの間を距ててしまったのを感じた。私は口がきけなかった。

值得注意的是，此处出现的“厚障壁”，是米田利昭在论文中关注的第一处“壁”。而米田认为C部分是“壁”第二次出现的部分。其原文究竟如何呢？

C 原文

老屋离我愈远了；故乡的山水也都渐渐远离了我，但我却并不感到怎样的留恋。我只觉得我四面有看不见的高墙，将我隔成孤身，使我非常气闷；那西瓜地上的银项圈的小英雄的影像，我本来十分清楚，现在却忽地模糊了，又使我非常的悲哀。

C 旧译

古い家は次第に私から遠ざかった。故郷の山水も次第に私から離れてゆく。しかし私は、名残りを惜しむ気になれない。私の周囲に、目に見えぬ高い壁が築かれ、私はただひとり、そのなかに取り残されたような感じがして、気がめいるだけである。西瓜畑の銀の首輪の小英雄のおもかげは、この上なくはっきりしていたのが、今となっては、急にぼんやりしてしまった。これもたまらなく悲しいことである。

C 新译

古い家はますます遠くなり、故郷の山や水もますます遠くなる。だが名残り惜しい気はしない。自分のまわりに眼に見えぬ高い壁があって、そのなかに自分だけ取り残されたように、気がめいるだけである。西瓜畑の銀の首輪の小英雄のおもかげは、もとは鮮明このうえなかったのが、今では急にぼんやりしてしまった。これもたまらなく悲しい。

C 中出现的“壁”，眼睛无法看见，却的确存在于“我”的“四面”。可以确认，译文将“高墙”译为了“高い壁”。

比较以上三段原文与新旧两种译文，笔者要考察一个问题，即米田利昭论文中的第一处“厚い壁”与第二处“高い壁”原文的差异。显然，中文原文分别对应“厚障壁”“高墙”。“障壁”“墙”在词典释义中都表示“墙壁”。把两个词都译成“壁”，虽然意义上对等，却消解了原文中词语的差异。

米田利昭在论文中指出的“壁”的同一性、重复性，原文中并不存在。这里便体现了译文与原文的差异。笔者首先要指出的，便是这种本质性的区别。如果再考察米田在论文中提出的伏线——“高墙上的四角的天空”，就会有意外的发现。

在 A 部分，与译文“高い塀”相对应的原文是“高墙”，而且，这与 C 部分中“高い壁”对应的“高墙”在表述上完全一致。

在原文中，A 和 C 中出现对比一致的“高墙”。而译文中 B 和 C 都使用“壁”，原文却分别是“厚障壁”“高墙”，用词并不相同。通过比较用词可以发现原文与译文之间内在的矛盾之处。译文的选词影响了作品的解读，因而有必要重新考虑《故乡》的译词问题。基于以上事实，笔者将原文 A 与 C 中的“高墙”，以及具有紧密关系的“障壁”作为关键词，进行新的解读。

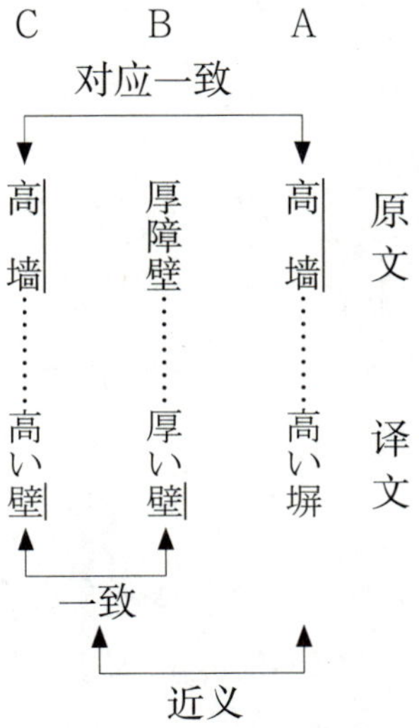

六、基于中文原文的解读

《故乡》中首次出现“高墙”，是主人公发现自己与少年闰土迥异的生活经验，与心象“四角的天空”一同出现的。作品先讲述关于闰土的回忆，然后是“我”和闰土的重逢。然而，他一开口便是“老爷！”，让“我”感到深深的隔阂，即 B 部分“可悲的厚障壁”。然而在产生这一感受之前，“我”已经有所预感。“厚障壁”出现之前，作品如此描绘重逢的场景。

原文

“阿！闰土哥，——你来了？……”

我接着便有许多话，想要连珠一般涌出：角鸡，跳鱼儿，贝壳，猹，……但又总觉得被什么挡着似的，单在脑里面回旋，吐不出口外去。

旧译

「ああ、閏ちゃん—よく来たね」

つづいて、多くの言葉が、数珠のようにつながって後から湧き出ようとした。角鶏、跳ね魚、貝がら、猹……だが、それらは、何物かにせきとめられたような感じがした。頭のなかで、ぐるぐる廻っているだけで、口から外へは飛び出して来なかった。

新译

《ああ閏ちゃん—よく来たね》

つづいて言いたいことが、あとからあとから、数珠つなぎになって出かかった。角鶏、跳ね魚、貝がら、猹……だがそれらは、何かでせきとめられたように、頭のなかをかけめぐるだけで、口からはでなかった。

虽然岁月流转，物是人非，"我"依旧像从前那样亲密地称呼闰土。脑海里各种意象纷至沓来，却与现实抵牾。似乎受"什么"东西阻挡，让"我"说不出来。这其实就是觉察到"障壁"的预感和前兆。而接下来B部分里，闰土一句"老爷"让"可悲的厚障壁"成了现实。而且，"单在脑里面回旋，吐不出口外去"和B的"我也说不出话"形成一种呼应关系。

因"我"和闰土的重逢而显现的"障壁"，在离乡的场景中再度出现。这便是C中具有决定性意义的描写——"我"四面有看不见的"高墙"。这也意味着"障壁"以相近的词语再度出现。这里出现的"高墙"与"我"回忆幼时的描写形成回应。和"心里有无穷无尽的希奇的事"的闰土相比，"我"和朋友只看见院子里"高墙"上的四角的天空。记忆中具象的"高墙"上的天空是原点，在三十年后演变为抽象的"厚障壁""高墙"，使心中的"墙壁"逐渐变得明晰。

按照阅读的先后顺序，阅读A部分，然后经过B部分，当阅读到C部分的"高墙"时，首先联想到的是A部分相同的词语。将这两句关系密切的原文放在一起对比，会有新的发现。

A 他们都和我一样只看见院子里高墙上的四角的天空。

C 我只觉得我四面有看不见的高墙，将我隔成孤身，使我非常气闷；

（略）

两个句子中不仅存在相同的词语“高墙”，而且“看见”与“看不见”、“四角”与“四面”分别构成相反、相近的对应关系。因此，A 和 C 的词句表达中明确存在语言的对比呼应关系。从 C 中的“四面”“看不见”“高墙”反观 A 中的“四角”“看见”“高墙”，我们可以发现 C 句与 A 句的投射关系。文学的“映射”思考是其根本所在。

A 句中少年时代作为“四角的天空”的点缀而出现的“高墙”，到了 C 句里已经演变成具体的形象，让“我”深切体会到隔阂感，发展成“将我隔成孤身，使我非常气闷”，凸显出因隔阂而产生的孤独感。与“隔”相关的词语随后又反复出现。

我竟与闰土隔绝到这地步了

我希望他们不再像我，又大家隔膜起来……

“我”听着船底的水声，想着“我”和闰土的隔阂。与“隔”相关的词语，也是《故乡》中重要的关键词。作品中第一次出现“隔”，其实是在 A 和 C 之间、B“厚障壁”的句子中。

B 我就知道，我们之间已经隔了一层可悲的厚障壁了。

这是作品中“我”第一次察觉到和闰土之间存在隔阂。“我”所感知到的“厚障壁”，到了 C 句中，进一步明确为“高墙”的意象。以“高墙”为媒介，A 和 C 形成了过去和现在的对比。现在体验到的隔阂感、孤独感，潜藏在幼时“四角的天空”所象征的感觉之中，“高墙”的伏笔也埋于此。从本质而言，伏笔“高墙”超越了时空，最终得以明确显现。

以“高墙”、近义词“厚障壁”，以及“隔”的相关词语作为关键词进行解读，《故乡》呈现出另一种解读的可能性。这是依据中文原文进行的解读、原文字句的对应关系应该反映在译文之中。笔者深感应该慎重选择译词，尽可能让译文能得到与原文相同的解读。

七、译词的问题

重新回到日译本的选词问题。A、C 中“高墙”的译词，如果要再现与原文相同的解读，选择相同的词语是最基本的必要条件。A 的原文中出现的“院子”相当于日文的“中庭”。“院子”是中国四合院住宅中正房、厢房围绕的空间，也称为“天井”。“天井”从构词来看，也是基于被包围空间的认知体验。

另外，“四角的天空”是象征性的表述，表现出孩童以低矮的视线仰视面向院子的建筑物的墙面所构成的四方形天空。从词义来看，日文的“壁、塀、囲い、仕切り”都具有“墙壁”的意思。“塀”表示分割内外空间的围墙、院墙，而原文的“高墙”指的是正房、厢房的外墙，因此翻译成“高い壁”更为合适[9]。但是对于不了解中国风土和文化的读者，把“高墙”统一译为“高い塀”也不失为一种选择。

在统一 A 和 C 的“高墙”译词的同时，我们也必须注意如何翻译“厚障壁”。如果把“高墙”译为“高い壁”，就应避免用词的重复、混同，而使用能明确体现用词差异的词语。例如，可直接使用“障壁”一词，或者使用汉字词“隔壁[10]”，以及“隔て”“仕切り”等词。不过，原文“隔了一层可悲的厚障壁了”中使用了动词“隔”，这一词和 C 之后的“隔绝”“隔膜”形成呼应的关系，翻译时保留“隔”和“障壁”，能取得良好的效果。这样处理确保译文能再现与原文相同的解读。如果能在译文中再现原文语句的对应关系，便更有可能忠实地解读原文的意味。

笔者通过分析，提示了一种解读的可能性，并对日译本的译词存在的问题进行了点评。如果认真思考译词的问题，可以发现最初的译本就存在不足之处。遗憾的是，佐藤春夫之后的译本，大多数没有充分意识到译词的问题，未能使译文具备与原文相同的解读可能性。正因为译文的不足会影响解读，所以极大地关系到翻译作品的生命力。以上是笔者在梳理《故乡》的研究和教学实践史时意外发现的实例，虽然是微小的细节，却影响了解读的本质。

在《故乡》之后的文章中，鲁迅也多次使用了“高墙”一词。他在为俄文版《阿Q正传》写的序[11]的开头向俄文译者——精通中国文学的王希礼[12]先生致谢，然后这样写道：

> 我虽然已经试做，但终于自己还不能很有把握，我是否真能够写出一个现代的我们国人的魂灵来。别人我不得而知，在我自己，总仿佛觉得我们人人之间各有一道高墙，将各个分离，使大家的心无从相印。

日译本同样将文中的“高墙”都译为“高い塀”[13]。鲁迅指出古代的圣贤把人分为十等，高下各不相同。那鬼魂依然存在，使人感受不到别人精神上的痛苦。而且，古人造出难到可怕的文字。

> 许多人却不能借此说话了，加以古训所筑成的高墙，更使他们连想也不敢想。

鲁迅认为，“要画出这样沉默的国民的魂灵来，在中国实在算一件难事”，因为“我们究竟还是未经革新的古国的人民，所以也还是各不相通，并且连自己的手也几乎不懂自己的足”。

> 我虽然竭力想摸索人们的魂灵，但时时总自憾有些隔膜。在将来，围在高墙里面的一切人众，该会自己觉醒，走出，都来开口的罢，而现在还少见，（略）

鲁迅点明“隔膜”与“高墙”的潜在关系，随即表示“所以我也只得依了自己的觉察，孤寂地姑且将这些写出，作为在我的眼里所经过的中国的人生”。虽然这是为俄文版《阿Q正传》写的序言，却有助于理解“高墙”在鲁迅作品中具有的重要意义。

另外，在为俄文版《阿Q正传》写序的前一年，鲁迅写了散文诗《求乞者》[14]。

> 我顺着剥落的高墙走路，踏着松的灰土。另外有几个人，各自走路。微风起来，露在墙头的高树的枝条带着还未干枯的叶子在我头上摇动。
>
> 微风起来，四面都是灰土。
>
> （略）
>
> 我顺着倒败的泥墙走路，断砖叠在墙缺口，墙里面没有什么。微风起来，送秋寒穿透我的夹衣；四面都是灰土。
>
> （略）
>
> 我将用无所为和沉默求乞……
>
> 我至少将得到虚无。
>
> 微风起来，四面都是灰土。另外有几个人各自走路。
>
> 灰土，灰土，……
>
> ………………
>
> 灰土……

诗中的“高墙”意味着“我”和求乞者的分界线、分水岭。“高墙”“泥墙”分别以“剥落的”“倒败的”修饰，暗示着墙的崩塌、分界线与隔阂的消失，也让人联想到“我”的境遇、立场的改变。在中国干燥的环境中，以版筑技术修建的墙体在风雨侵蚀下终将崩塌，化为尘土。“灰土”和“高墙”相辅相成，具有重要的意义。

要言之，在最初发表于《新青年》、收入鲁迅第一部小说集《呐喊》的短篇小说《故乡》中，“高墙”是起到重要作用的关键词，体现了作者始终坚持的根源性主题，背负着象征性意义。

八、作品的结构与月亮

《故乡》具有往复的结构：乘船回故乡，乘船离开故乡；从异乡回故乡，从故乡去异乡。指出这种结构的重要性的，是濑田贞二的《且行且归的物语》[15]。在离乡的船上，宏儿和“我”有一段对话。

“大伯！我们什么时候回来？”
“回来？你怎么还没有走就想回来了。”
“可是，水生约我到他家玩去咧……”

宏儿在去往目的地的途中问起何时回来。在杨二嫂出场之前，“我”和他闲聊，问他可会写字，可愿意出门。对于宏儿来说，这次出行是必定要回来的。他没有意识到这是“离乡”，以为不过是暂时去“异乡”。因此“我和母亲也都有些惘然”。可以发现他们对于去“异乡”的认知存在差异。

在归乡的船上，“我”自问自答。而在离乡的船上，“我”的心虽然远离老屋和故乡的山水，却没有留恋与不舍。“灰堆中的碗碟”事件或许具有决定性的意义，因为这件事，“看不见的高墙，将我隔成孤身，使我非常气闷”，瓜田小英雄的形象忽然变得模糊，甚至连“心里有无穷无尽的希奇的事”的闰土的“心”也改变了。

宏儿和水生的亲近，与过去“我”和闰土的交好叠印起来。下一辈的两个少年，萌发出新的故事，构成故事中的“嵌套”结构。未来的宏儿和水生让“我”思绪万千，在这趟往返故乡的旅程之中，“我”尚未抵达应抵达的“异乡”。在这个去往“异乡”的旅途尚未完成，“我”和闰土的未来尚不可知的时刻，“我”明白了和闰土的隔绝。“我”想到的“希望”，包含了“应该有新的生活”的深厚意义。

作品尾声的月亮具有象征性的意义。对收录《故乡》的初中国语教科书进行调查、分析后发现，别有趣味的是教育出版（出版社）《交流的语言　初中国语 1》的《传统文化与语言》之“月亮与古典文学”栏目。起篇是小林一茶[16]的“孩儿叫爸爸，哭着要明月”，用其中的“明月”引出“中秋”的概念，讲解阴历和阳历时间上的差异，以及“十六夜”“立待月”“居待月”“寝待月”等日语中关于月亮的称谓。然后介绍与月亮相关的各类古典文学作品，比如《竹取物语》中公主从竹子里诞生、八月十五回到月亮中的故事，《奥州小道》中松尾芭蕉的“松岛月明照吾心”，身为遣唐使的阿倍仲麻吕在中国吟咏的“仰首望天原，明月何皎皎。奈良三笠山，万里同婵娟”。之后是吉田兼好《徒然草》中“花要盛，月要朗”的美学，最后是望月思乡的李白的《静夜思》。这些篇目激发学生通过与古典文学的对话，了解古人对花鸟风月、人生价值观的看法、感受，并产生超越时空的共鸣。

“月亮”的主题与唐代《人虎传》、中岛敦的《山月记》密切相关，超越了古典文学和国别的界限，延伸到鲁迅在《故乡》中描写的月亮。月光下的瓜田里，小英雄闰土手执钢叉捕猹。正是同一轮明月照耀着空无一人的舞台，让“我”在离乡的途中思索着宏儿和水生这辈人能结下怎样的缘分。如此想来，鲁迅的小说处女作、中国第一部现代白话文小说《狂人日记》中，开头便是“今天晚上，很好的月光”。足见月亮在鲁迅的作品中与主题存在密不可分的关系。

《故乡》中的下一辈，也许会重蹈上一辈的覆辙。地上有没有路，会不会有路，原本都无法保证。唯有“深蓝的天空中挂着一轮金黄的圆月”，凝视着这一切。

注释：

1. 《国立国会图书馆藏昭和前期文艺·同人杂志集成》影印本（IRD企划，1998年2月）。
2. 藤井省三在《鲁迅〈故乡〉阅读史》的《绪论——文学与“想象的共同体”》中指出：“《故乡》于1927年译介到日本，自那以后，作为外国文学作品，《故乡》获得的读者数量惊人之多。它首次进入初中国语教科书，是日本战败之后的1953年，被收录进教育出版（出版社）的三年级教科书。之后收录《故乡》的教科书逐渐增多。中日邦交正常化之后，所有的国语教科书都收录了《故乡》。它虽然是外国文学，却获得了国民文学的待遇。”教育出版的三年级教科书于1952年7月30日通过文部省审查。
3. 《北海道教育大学纪要》（第一部C）第四十七卷第二号所刊载《鲁迅的〈故乡〉是“希望的文学”吗》附录。
4. 收录于“平凡社选书”，平凡社，1986年10月。
5. 收录于“朝日选书”，朝日新闻社，1992年9月。
6. 收录于“中国学艺丛书”，创文社，1997年11月。
7. 译注：本章使用的鲁迅作品中的原文均引自人民文学出版社1981年版《鲁迅全集》。
8. 收录于日本文学协会国语教育部会编《讲座·现代文学教育》第四卷（中学·高中

小说篇）第二章《教材研究与指导》，新光阁书店，1984 年 5 月。

9. 在日本“二战”后的《故乡》翻译中，增田涉译本（《阿 Q 正传》，角川书店，1961 年 4 月）、丸山升译本（旧译：《阿 Q 正传》，新日本出版社，1975 年 11 月；新译：《鲁迅全集》第二卷，学习研究社，1984 年 11 月）均将 A 和 C 的“高墙”译为“高い壁”，但是将 B 的“厚障壁”译为“厚い壁”。结果出现了三个“壁”。具体分析请参照《鲁迅〈故乡〉笔记（II）——“高墙”与“障壁”的译词》（《日中比较文学丛考》第七部第三章，研文出版，2015 年 9 月）。
10. 译注：日语“隔壁”有分成隔间的墙壁之意。
11. 1925 年 5 月 26 日写于北京，题为《俄文译本〈阿 Q 正传〉序及著者自叙传略》。最初发表于同年 6 月 15 日《语丝》周刊第三十一期，后收入《集外集》。
12. 译注：王希礼（B.A. Vassiliev，1899—1937），苏联翻译家。俄译本《阿 Q 正传》于 1929 年于列宁格勒出版。
13. 译注：原文引文为日译，出自相浦杲、伊藤正文等译《鲁迅全集》第九卷，学习研究社，1985 年 6 月。
14. 《求乞者》最初发表于 1924 年 12 月 8 日《语丝》周刊第四期，后收入《野草》。引文的日译同样将“高墙”译为“高い塀”。
15. 收录于《幼童的文学》，中央公论社，1980 年 1 月。
16. 译注：小林一茶（1763—1828），江户后期的俳人。代表作有《我春集》《七番日记》等。

第三部

史传与豪杰

第七章

楚霸王的灭亡——历史与文学

一、乾坤一掷

项羽刘邦争霸天下，曾以鸿沟为界，隔河对峙。常言道“英雄不容并立”，以鸿沟为界不过是权宜之计，迟早出现争夺天下的新局面。事实上，善于把握时机的刘邦，乘项羽撤退率军追击，将和约变成一纸空文。

大约千年之后，中唐诗人韩愈（768—824）吟咏了一首七言绝句，题为《过鸿沟》。韩愈作为行军司马参加了讨伐淮西吴元济的讨伐军，远征途中经过鸿沟，时为元和十二年（817 年）。《过鸿沟》便是韩愈从军时的作品。

龙疲虎困割川原，
亿万苍生性命存。
谁劝君王回马首，
真成一掷赌乾坤。

龙虎双雄项羽和刘邦为了决一雌雄而激战，双方均疲困不堪，未分胜负，结下中分天下的盟约。将士和平民都免受战争之苦，亿万苍生得以保全性命。是谁劝说刘邦掉转马头，追击正在撤退的项羽呢？显然是臣下的建言说服了刘邦，仿佛骰子一掷赌乾坤，天下的归属在此一举。

鸿沟记录了汉兴楚亡的一段历史。韩愈经过此地有感而发，因为作于军旅途中，诗歌中洋溢着庄严雄浑的气氛。刘邦“乾坤一掷”的决断，决定了秦始皇以来天下一统的趋势。

“骰子已经掷下”是尤利乌斯·恺撒[1]的名言。鸿门宴上范增三次举起玉玦，暗示项羽杀掉刘邦，项羽默然不应。结果导致鸿沟盟约之后，强敌刘邦“一掷赌乾坤”。处于优势的项羽完全没有想过，范增的预言“夺项王天下者必沛公也”会不幸言中。被迫逃亡的项羽把败亡的原因归结为“天亡我”，之所以不承认自己指挥作战的失败，是猛将的自尊心使然。出身项氏武将家族的项羽，绝不能接受这样的现实。冲开血路到达乌江边的项羽，又有何面目见江东父老呢？于是楚霸王决意向死，拔剑自刎。

二、卷土重来

晚唐诗人杜牧（803—852）在乌江边写下一首七言绝句，题为《题乌江亭》。

> 胜败兵家事不期，包羞忍耻是男儿。
> 江东子弟多才俊，卷土重来未可知。

标题中的“乌江亭”，自然是与刘邦争夺天下失败的项羽最终自杀之地。唐代会昌年间（841—846），时任池州刺史的杜牧，在乌江亭缅怀古代命运多舛的猛将项羽，感怀吟诗。杜牧到访时，当地已经建有祭祀项羽的庙宇（有以“乌江庙”为题的诗歌）。唐代的诗歌中，有孟郊的《和令狐侍郎郭郎中题项羽庙》，李山甫的《项羽庙》，灵一的《项王庙》，清昼、潘述、汤衡的《项王古祠联句》。这些诗题可以证实此庙的存在。另外，秦泥所著《古诗之旅》之《西楚霸王末日的悲歌》一章中收录了实地探访的文章《霸王庙的今昔》。

常言说，“胜败，时运也”。项羽便是未能扭转时运的人。杜牧的起句慨叹胜败之事，即使名将、兵家也难以预测。如果时运果真超越人的智识，即使战事不利而败北也不足为耻。承句讲述忍耐一时的耻辱才是真正的男儿。

然而，项羽率八千子弟举事，无颜独自偷生见江东父老，在乌江亭处自刎而死。虽然现实只能接受，但是在他揭竿而起的江东，尚有众多才俊子弟。因此杜牧在转句中点明这一事实，进而以反现实的假设提出自己的观点，如果招募江东子弟卷土重来，谁能问鼎天下尚未可知。

三、拔山盖世

杜牧惋惜项羽“卷土重来未可知”。宋代爱国诗人陆游（1125—1210）则在七言绝句《项羽》中如此感叹：

八尺将军千里骓，拔山扛鼎不妨奇。
范增力尽无施处，路到乌江君自知。

诗中描写了身高八尺魁梧的将军与其爱驹“骓”。“拔山”出自项羽著名的《垓下歌》。《史记 · 项羽本纪》引用了这首诗歌。

力拔山兮气盖世，时不利兮骓不逝。
骓不逝兮可奈何，虞兮虞兮奈若何。

“扛鼎”出自《史记·项羽本纪》中对项羽的描写“长八尺余，力能扛鼎”。“拔山扛鼎”之力，可谓天下无双。项羽虽有范增辅佐，却没有采纳他的谋略。范增徒有抱负却无从施展，项羽最终错失良才。他虽一度称霸，却不得不在乌江接受天命。

凭吊项羽之死，就必须接受他最终死亡的事实，冷静地思考。陆游的咏怀，是致项王的哀歌。同样身处宋代的女诗人李清照（1084—？）也在《夏日绝句》中吟诵了项羽。

生当作人杰，死亦为鬼雄。
至今思项羽，不肯过江东。

项羽无言面对江东父老，在乌江边短兵相接之后痛快地赴死。在后世的南宋，面对金兵的南进，竟无一人主张渡江北上收复国土。李清照所慨叹的，正是看不到宁可在乌江边自刎也不回江东苟安的豪杰。项羽生作人杰、死为鬼雄，受到后人的敬仰。

四、项羽和虞美人

项羽经历了垓下大败、与虞姬的永别，最终在乌江边自刎，悲剧落幕。这正是各种曲艺的上佳题材。明代田汝成《西湖游览志余》卷二十中，收录了明代瞿佑的十五首《看灯词》，其三如下：

南瓦新开影戏场，满堂明烛照兴亡。
看看弄到乌江渡，犹把英雄说霸王。

“南瓦”的“瓦”指被称作“瓦子”“瓦肆”“瓦舍”的游乐场所。“影戏场”指皮影戏的小剧场。灯烛映照下上演着历代兴亡的短剧，霸王项羽的悲剧自然不可或缺，“乌江渡”便是相应的场景。这是明代皮影戏的一例，那充满哀愁的失败者的结局，在不同时代的各类曲艺中得以呈现，最终升华为京剧中的代表曲目《霸王别姬》。

不仅如此，在日本也诞生了谣曲《项羽》。谣曲《项羽》以第三人称的回忆构成，在乌江边割完草的男子（辅角）乘坐渡船，老船夫（主角）索要“美人草”抵充船钱，并告知其中缘由。男子割下的“美人草”是虞美人的化身，而老船夫则是项羽的幽灵。因项羽和虞姬身死异处，项羽热切期望得到虞姬化身的可怜的花儿。其中的哀切之情让人动容。随后项羽（后主角）和虞姬（后辅角）的幽灵显现，展现项羽生命中最后的时刻，其情感越发显得真切。

五、虞美人之死

虞美人草是“雏罂粟”的异名。《史记》中并没有记载虞姬之死。清代吴永如作诗《虞姬》。

大王真英雄，姬亦奇女子。

惜哉太史公，不纪美人死。

“大王”是项羽，“姬”是虞姬，“太史公”是司马迁。自古以来，人们并非很少谈及虞姬之死。然而史书中却并未记载，这或许是史家的疏漏，或许是故意无视之。没有文字记载，也是激发浪漫想象的缘由。项羽生命的尾声因为虞姬而被点缀上情义和怜爱。这对男女间悲戚的永别，在后人心中投射下永无尽时的哀怜之情。《楚汉春秋》中，记载了虞姬应和项羽的《垓下歌》所作的诗歌（转引自《史记正义》）。

汉兵已略地，四方楚歌声。

大王意气尽，贱妾何聊生。

项王在垓下被汉兵包围，听闻四面楚歌，以为楚地已被攻陷。项王意气低沉，他身边的虞姬已决意赴死，让人怜惜。诗中也可窥见虞姬心意已决。

六、项羽和义仲

和虞姬哀伤作别之后，项羽带领极少的壮士冲出重围。《史记·项羽本纪》中对随从人数迅速减少的描写，显示出每次战斗的惨烈，给人留下深刻印象。项羽人马合一英勇作战的形象，和《平家物语》中最终败亡时的源义仲十分相似。

义仲又名木曾义仲。源平大战中当权的平氏大败，源氏声名显赫，义仲厥功至伟。他两岁失怙，被木曾的中原兼远抚养成人。义仲具有孤儿的经历、超人的武勇、源氏家族的威望，以及与项羽相似的阅历。项羽举兵时二十四岁，义仲举兵时二十七岁。项羽三十一岁在乌江自刎，义仲在粟津战死时虚岁三十一。虽然死亡方式存在差异，但是两人成长环境和境遇的相似非常罕见。而且《平家物语》的《木曾败亡》中出现了美女巴御前、义仲的爱马鬼苇毛。战至最后，义仲一方只剩主从五骑。被义仲催促而不舍离开战场的巴御前，不仅人长相俊美，还是以一敌千的女武将。她和决然自尽、楚楚动人的虞美人虽然性格有异，但两人都像优雅的花朵，为两位英雄增色不少。

最后，义仲一方仅剩他和乳母之子今井四郎兼平二人。义仲有意向死，骑着鬼苇毛向粟津松原急驰。当时正是正月廿一日的日暮时分，他连人带马误入薄冰覆地的深田，连马首都无法分辨。马儿陷入泥沼，无论怎样挥鞭策马，都动弹不得。义仲惦记今井，回头张望之际，一箭正中面门。项羽把爱马赠给乌江亭长，自刎而死，与义仲并不相同。然而《木曾败亡》中同样存在壮烈的死亡。今井四郎听闻主公已死，便口呼“且看日本第一勇士，自戕当如此！”口咬刀尖倒摔马下，长刀贯身而亡。主仆二人的死亡对比鲜明。兼平相当于义仲的分身，他壮烈的死亡，为义仲悲剧性的败亡增添了亮色。另外，义仲随从人数的减少，也与《项羽本纪》的描写异曲同工。

七、霸王别姬

在乌江边自刎身亡的楚霸王项羽，依然鲜活地存在于不同的历史时空之中。较近的例子便是 1993 年的中国电影《霸王别姬》。影片中京剧舞台上霸王和虞姬相思相爱，与戏剧演员之间的爱恨纠葛相互交织。项羽虽死，却经常出现在后世的艺术作品中。虽然形象有所改变，但依然活在我们的心中。在某种意义上，豪杰项羽依旧未死。

义仲身上所体现的与项羽的相似之处，并非表面的相似。不管是谣曲《项羽》，还是《平家物语》，中国的项羽超越了时空，在遥远的异国展现其英姿。因此，项羽绝非仅限于本国的英雄。

注释：

1. 译注：尤利乌斯·恺撒（Julius Caesar，公元前 100—公元前 44），史称恺撒大帝，罗马共和国末期军事统帅、政治家。

第八章

刘邦与源赖朝——比较文学式学习

一、阅读“汉文”

在日本，“汉文”是如何被阅读、理解的呢？日本有独特的“汉文训读”，能够将“汉文”这种与日语文章构造不同的诗文，按照日本的古典文法进行翻译。具体而言，是在仅有汉字的“白文”中加上训点，即句读、返点、送假名。所谓“返点”，是指将汉文按照日文语序进行调整的符号，有レ点、一二点、一二三点、上中下点、甲乙丙丁点，还可以将几种符号进行组合。通过这样的训点方式，白文便转化为汉字假名混合文，即“汉文训读文”。

2009 年版《学习指导纲要》要求从小学高学年开始接触“简单的古文和汉诗、汉文”，从初中开始具体地阅读和理解故事成语、汉诗（唐诗）、《论语》等，高中的古典汉文教育进一步深化，要求学习诗文、史传、论说文、小说等多种体裁。2018 年版《高中学习指导纲要》对国语学科进行了全新的改革。课程变为“现代国语”“语言文化”“逻辑国语”“文学国语”“国语表达”“古典探究”。其中，“语言文化”“文学国语”“古典探究”的课程目标都包括“充实学习内容，加深对我国语言文化的理解”[1]。笔者想将这样的变革纳入视野，从中日比较文学的角度出发，探索一篇课文在日文古文和古典汉文融合式学习方面的可能性。

二、刘邦的败走与鸠杖

许多教科书都长期采用出自《史记》的《鸿门宴》《四面楚歌》《项王败亡（项王自刎）》等作为古典汉文课文。关于楚汉相争，不仅正史中有记载，在稗史中也存在别有趣味的记载。

刘邦在楚汉相争中获胜之后，于公元前 202 年建立了汉王朝，在秦朝都城咸阳阿房宫的基础上营建新都城，命名为“长安”。不久之后未央宫建成，都城进一步扩大，发展成汉朝的首都。就在刘邦建国的光辉轨迹中，也存在刘邦被项羽追击，九死一生的记录。例如，北魏郦道元的《水经注》卷七《济水一》中引用了《风俗通义》（佚文，汉代应劭撰）。

俗説高祖与ニ项羽一戦ニ于京・索一、遁ニ于薄中一。羽追求レ之、時鳩止ニ鳴其上一、追之者以為必無レ人、遂得レ脱。及ニ即位一、異ニ此鳩一、故作ニ鳩杖一以扶レ老。

刘邦和项羽在京、索交战。刘邦躲避追击而躲在草丛中，因为鸽子停在上面鸣叫而成功逃脱。虽是“俗说”，主要事迹也见于正史。汉高祖二年（公元前 205 年）五月，驻扎在荥阳的汉王与韩信汇合，兵力大振，与项羽在荥阳以南的京、索之间交战，史称“京索之战”。《史记·高祖本纪》“高祖二年”条记载：“是以兵大振荥阳，破楚京、索间。”《汉书·高帝纪》“高祖二年五月”条记载：“与楚战荥阳南京、索之间，破之。”

《风俗通义》中刘邦成功摆脱追击的记载，既有与两部正史相同的“战于京索”的内容，又兼有野史的性质。刘邦最终击败了项羽，但在战斗过程中曾一度败退。“俗说”讲述了刘邦败逃时得到鸽子庇护的事，以及鸠杖的由来。关于鸠杖，《后汉书·礼仪志》中有如下记载：

仲秋之月、県道皆案レ戸比レ民、年始七十者、授レ之以ニ王杖一、餔ニ之糜粥一。八十九十、礼有レ加レ賜。王杖長〈九〉尺、端以ニ鳩鳥一為レ飾。鳩者、不レ噎之鳥也。欲ニ老人不一レ噎。

“王杖”之所以装饰鸽子，是因为鸽子是“不噎之鸟”。所谓“王杖”，起源自《风俗通义》中鸽子救刘邦的传说。刘邦即位后赐予老者“鸠杖”，这正是“王杖”名称的由来。关于“鸠杖”“王杖”的文化史信息，对考察刘邦建国的故事具有重要的意义。并且，“鸠杖”的意象也被日本人所接受，这点后文将详述。

三、刘邦获救的野史

关于鸽子救刘邦于危难的故事，存在若干不同的版本。宋代《太平御览》卷二十九引用的《三齐略（记）》（晋代伏琛撰）中有这样的记载。

滎陽有二免井一、
漢沛公避二項羽
追一、逃二於井中一、
有二双鳩一、集二其
上一。人云一、沛公逃
入レ井。羽曰、井中
有レ人、鳩不レ集二其
上一。遂下レ道、沛
公遂免レ難。後漢世
元日放鳩、蓋為レ此
也。

项羽所说“井中有人，鸠不集其上”，令人印象深刻。联系《风俗通义》中的“时鸠止鸣其上，追之者以为必无人”，可以认为此话出自项羽之口。宋代《太平广记》卷一百三十五引用的《小说》（南朝梁·殷芸撰）中，也存在相近的内容。

滎陽南原上有二
厄井一。父老云、
漢高祖曾避二項羽
於此井一、為二双鳩
所一レ救〈為二双鳩一
所レ救〉。故俗語
云、漢祖避二時難一、
隠二身厄井間一。双
鳩集二其上一、誰知下
有レ人。漢朝每二正
旦一、輒放二双鳩一、
起二於此一。

“双鸠”并非两只鸽子的意思，而是成对的鸽子。“双鸠集其上，谁知下有人”，虽然在鸽子的数量上有差异，但和《三齐略（记）》中“井中有人，鸠不集其上”的说法相吻合。

水井的名称有“免井”“厄井”。“免井”指免于危难的水井；“厄井”指遭遇灾厄，或躲过灾厄的水井。这个故事不仅被父老乡亲口耳相传，还成为汉代元旦放鸽的起源。文中记录的汉朝“放鸽”，出现于佛教传入之前，因此与“放生”的思想没有关系。而是为了彰显鸽子拯救高祖刘邦的功绩，以“放鸽”表示对鸽子的感谢以及大恩永不忘之心。

而且，关于鸽子的记载中不仅有驻足鸣叫的描写。明代陶宗仪的《说郛》（宛委山堂藏版）卷六十引用的《西征记》（晋代戴祚撰）中有这样的记载。

板渚津、津南
原上有二厄井一。
父老云、漢祖与レ
楚戦敗走。逃
走、逃二此井一。
追軍至、見下両鳩
従二井中一出上。故
得レ免レ厄。因名二厄
井一。

文中记载两只鸽子从井中飞出，刘邦得以免受灾厄，因而命名为厄井。之前的文献中已经出现过“厄井”的名称，并说其位于荥阳或荥阳南原。这篇文章则指出“厄井”位于板渚津（河南省汜水县东）的南原，并且说追兵赶到时，鸽子从水井中飞出。鸽子或许是被追兵惊扰，突然飞出的吧。目睹这一景象的人，不会认为刚刚有人躲进水井里。清代官修的《渊鉴类函》卷三十四《地部 · 井二》引用的《郡国志》（晋代袁山松撰）中也有几乎相同的记载。

以上的传说中只说到鸽子救高祖，但有的版本中还出现了蜘蛛。宋代《太平御览》卷一百八十九引用的《郡国志》中有如下的记载。

堯井、在二汜水
県東十五里一。漢
高祖敗、項羽追レ
之、入二此井一得レ
免。見二井中一、
有二双鳩飛出一、
有二蜘蛛網一。因而
得レ免。

刘邦藏身水井，躲过项羽的追击。其时两只鸽子从井中飞出，而且有蜘蛛结的网。项羽亲眼看到自然不会怀疑。井名是“尧井”，从“在汜水县东十五里”来看，与厄井、免井一脉相承。另外，清代纂修的地方志《荥阳县志》记载如下：

厄井在二県東北
二十五里一。漢高
祖与レ楚戦敗、遁二
匿此井一。鳩鳴二其
上一、蜘蛛網二其
口一。追者至、以為
無レ人、遂去。漢高
祖因得レ脱。今井旁
有二高帝廟一。井
在二神座下一。俗
称二蜘蛛井一。

鸽子在井沿鸣叫，井口结了蛛网。高帝庙是为纪念刘邦避难而建的庙宇，神座下便是当时的水井。水井俗称“蜘蛛井”，得名于蜘蛛救高帝于危难。

如上所述，刘邦避难故事中存在多例关于鸽子、蜘蛛这类小动物的记载。从成书年代来看，《风俗通义》中关于鸽子的记载最早。其他各个版本在鸽子的举动、数量，是否有蜘蛛上存在差异。让人深感兴味的是多层的叙事。鸽子或是在井沿鸣叫，或是从井中飞出，蜘蛛在井口结网。瞒过追兵的首先是鸽子，然后是蛛网，两者都起到了迷惑敌人的作用。《郡国志》（《太平御览》）和《荥阳县志》中既有鸽子也有蜘蛛，即使在众多野史之中，也独具妙趣。

这些都是关于刘邦避难得救的相似记载。记载中存在哪些具体差异？应该怎样针对不同文本添加“返点”，进行“汉文训读”？通过摸索汉文的训读方法，在比较中进行阅读，学习者可以有效地提升汉文读解技巧。

四、源赖朝的败走与获救

中国史传中刘邦蔽身水井，躲过追击的敌兵。在日本同样有藏匿行踪、被鸽子和蜘蛛所救的豪杰。《平家物语》的诸多版本中，属于读本系列的《源平盛衰记》卷二十一之《兵卫佐殿[2]隐卧木　附梶原助佐殿事》（以下简称《兵卫佐殿》），讲述了著名的源赖朝藏身卧木的故事。

佐殿（源赖朝）举兵后不久，败于石桥山之役，仅率数骑遁走。众人逃至土肥的杉山，进入名为鵐岩的山谷。见有一株巨大的卧木，可容七八人藏身。跟随佐殿藏于卧木穴中的，有土肥次郎实平、同男远平、新开次郎忠氏、土屋三郎宗远、冈崎四郎义真、藤九郎盛长诸人。藤九郎盛长讲述先祖主从七骑固守山中的佳话，“兵卫佐听后心意弥坚，心中默祷八幡宫大菩萨”。在此期间，田代冠者信纲在高树上射箭阻挡敌兵，掩护大将赖朝逃脱。箭已用尽的信纲随后钻进树洞，与佐殿面面相觑，慨叹不知如何应对。此时，平家一方的大场、曾我、俣野、梶原等兵将展开了搜索。

大场、曾我、俣野、梶原率三千骑四处搜寻，分至树林、草丛间寻觅。大场攀上卧木，以弓为杖，顿足曰：佐殿逃至此处，卧木着实可疑，谁入树穴搜之？大场之从兄弟梶原（平三）景时自告奋勇，肋下夹弓，手持太刀，进卧木穴中，即与佐殿四目相对。

佐殿暗道，落于景时之手，吾命休矣。心中转念，可求景时高抬贵手，抑或自戕以对。手握腰间太刀。景时怜之，曰：且慢，待吾援手。他日东山再起，公勿忘我。如再有追兵，景时必以武运护公遁入草中。言毕，见蜘蛛结网于洞口，心甚异之，撷以覆箭囊盔甲，告辞出洞。

佐殿躲过一劫，双手合十，三拜景时之背影。誓曰：如苟活，必不忘汝恩。若身亡，必以精魂佑汝七世。景时日后忆之，甚为惶恐。

景时立于洞口，长弓杵地，对曰：洞内并无蝼蚁，唯蝙蝠众多，飞舞盘旋。吾见土肥真鹤方向，有武者七八骑，必为佐殿一众，须急追之。

大场视景时曰：彼非佐殿也。卧木之下必有蹊跷，应取斧钺破之。然时不待人，吾来一探究竟。便一跃而下，弓夹肋下，太刀在手，作势欲进树穴。

景时挡住去路，手按太刀曰：且慢，大场殿。如今平家盛极，源氏已为败军。何人不想取源氏大将军之首级，呈献平家，扬名于世哉。

搜此卧木，吾岂甘人后。若疑我景时，岂非彼此有二心乎。若洞中有人，吾盔甲弓箭上何有蛛网。汝若尚有疑心，令我面目何在。吾不许何人搜寻，如再强逼，休怪景时无情。

大场尚存疑心，探弓入洞，挥舞再三。弓触佐殿之袖甲。或因祷念八幡宫大菩萨应验，卧木之中，山鸠两只振羽而出。大场思虑，佐殿在内，必无鸠出。虽疑虑未消，方欲吩咐取斧钺时，晴空忽阴，雷声阵阵，大雨倾盆。大场转念，待雨后破之，遂返杉山。命七八人推石，堰塞卧木之穴。

文中景时救了佐殿。洞口结蛛网、洞中飞出鸽子的描写令人印象深刻。山鸠必定是八幡神的使者，是佐殿祷念八幡宫大菩萨应验的结果。大场心想“佐殿在内，必无鸠出”，项羽说“井中有人，鸠不集其上”。两者的描写惊人地相似。

五、鸠与蜘蛛

这是讲述源赖朝藏身卧木，逃脱危机的故事。树洞口的蜘蛛网，起到证明景时清白的作用；被长弓惊飞的两只山鸽最终使源赖朝脱离险境。虽然暂时摆脱了危机，但最终能否脱险呢？《兵卫佐殿》之后一章《圣德太子椋木　附天武天皇榎木事》中，列举了几位先贤借树洞避险的例子。首先列举的是圣德太子的事迹。圣德太子和物部守屋交战，败逃时“道边有椋木，一分为二，纳太子与马于其中，遂愈之，助太子”。第二个例子是天武天皇。壬申之乱时“道旁有大榎木，树身裂开，纳天武于树洞之中。后天武灭（大伴）王子”而即位。

这是藏身树洞得以脱险的先例，暗示源赖朝最终获救。岛津久基在《罗生门的鬼》[3]的《隐身伏木》中，专门讨论了《源平盛衰记》中源赖朝脱险的内容。他指出：“源赖朝藏身伏木的传说，蒙古成吉思汗的传说[4]中也有相似的例子。蜘蛛网的设定，让人联想到苏格兰国王布鲁斯著名的传说[5]。”“在藏身植物，尤其是避难于树木的空洞的主题上，圣德太子、天武天皇、源赖朝、成吉思汗的传说都是一致的。另外，源赖朝的山鸠、成吉思汗的猎鹰、余古大夫的蜜蜂都属于动物，尤其是有翅膀的小动物或消极或积极地施加庇护的主题，苏格兰王布鲁斯的蜘蛛也属于这一主题的变形。”

说起蜘蛛，宋代赵葵的《行营杂录》中记载了一则故事。赵匡胤陈桥兵变后，周太后和幼主在寺院设斋。敌方前来搜捕，僧人将他们藏在阁楼上。敌人见阁楼门锁上布满蜘蛛网便离去了。

这也是敌兵因为蜘蛛网而放弃搜捕的故事。《源平盛衰记》中除了洞口的蜘蛛网，还写了洞中飞出两只山鸽。鸽子是八幡神的使者，佐殿在洞中虔心祷念八幡宫大菩萨得到了应验。而令景时感到不可思议的蜘蛛网或许也是神灵的庇佑。

这是故事中非常惊险的一段。关于鸽子，《源平盛衰记》卷二十之《夜袭八牧之事》中有“同（治承[6]四年）八月十五日，各地八幡宫之放生会已毕”的记载。《吾妻镜》“治承四年八月十六日”条中也有“十八日，（赖朝）自幼时安置正观音相，虔诚放生，历多年，今更难犯之”的记载。赖朝放生，刘邦则有建国后“放鸽”、赐鸠杖的记载。八幡宫的使者山鸽，与救刘邦于危难的鸽子相通。对赖朝而言，汉朝的刘邦虽为异邦之人，却是统一天下的先驱。不难想象，对于赖朝，讲述鸽子庇佑的故事，将自己的境遇与刘邦的经历重叠，具有重要的意义。《小说》中仅记录山鸽两只，而没有出现蜘蛛，是否能将其视为赖朝获救故事的来源呢？藤原佐世的《日本国见在书目录》中收录了该书。但是，如果考虑鸽子和蜘蛛两个因素，《郡国志》（《太平御览》）的记载更接近《源平盛衰记》。从推断无人而放走对方的言辞来看，又与《三齐略（记）》的记载相似。不管怎样，正因为有八幡宫信仰，才会联想到刘邦获救的故事是最适合的素材。

《兵卫佐殿》之前的卷二十之《高纲赐姓名　附纪信[7]假高祖名事》中，讲述了佐佐木四郎高纲暂用赖朝之名迎敌的故事，并引用纪信代高祖赴死的例子，将赖朝与刘邦比附，而且在石桥山战败的《藏身卧木》之后，添加《圣德太子椋木　附天武天皇榎木事》，以在树洞中躲避危难的圣德太子、天武天皇等先贤的故事，暗示源赖朝最终摆脱危机。

源赖朝藏身卧木的故事并未采用俗套的故事引用手段，而是非常隐蔽地使刘邦获救的故事脱胎换骨，创造出雄飞高举的豪杰形象。江户末期冈田挺之的《彼此合符》中将《源平盛衰记》的记载，与《风俗通义》中的资料（佚文，引自《艺文类聚》卷九十二《鸟部下·鸠》）并置，构成一组日中对比的事例。因此，这并非单纯类比相似的事例，而是蕴藏着日本人接受中国典故的痕迹[8]。

通过解读刘邦获救的野史，足以令人思考赖朝传说中对中国的文学、文化的汲取和接受。笔者试图给出学习课文的一种可能性，即通过古典汉文与日文古文的对比式学习，探索日本对中国文学的接受情况。

六、鸠杖余话

“鸠杖”从中国传至一衣带水的日本。菅原道真（845—903）在《九日侍宴同赋天锡难老应制并序》中写道：“鸠杖旧在，谁见有扶持之用。”大江匡衡（952—1012）也在《寿考》中这样吟咏：

鸠杖后立，更谢祝噎之对，
爵位高登，终有致仕之请。

建仁三年（1203 年）11 月 23 日，后鸟羽上皇于二条御所设宴，为藤原俊成祝九十寿辰。普贤寺关白基通的《俊成卿九十贺记》中记录了银制竹形的“鸠杖”[9]。

其北置鸠杖。以银作之。件杖竹形也。其上居鸠也。有一枝二叶。件叶书和歌。有家朝臣咏之。

在近代日本，昭和四十年（1965 年），首相吉田茂（1878—1967）八十八岁“米寿”时，昭和天皇御赐鸠杖。明治、大正、昭和前期，黑田清纲（1909 年 4 月 6 日）、大隈重信（1917 年 3 月 31 日）、板垣退助（1917 年 3 月 31 日）、山县有朋（1917 年 3 月 31 日）、浅野长勋（1921 年 4 月 23 日）、井上馨（1924 年 1 月 9 日）、东乡平八郎（1926 年 1 月 4 日）、西园寺公望（1928 年 1 月 4 日）、山本权兵卫（1931 年 1 月 16 日）、高桥是清（1935 年 1 月 4 日）、若槻礼次郎（1945 年 1 月 15 日）受赐鸠杖。而且大隈重信于八十岁“伞寿”时获赠的宫中杖，顶端有象牙雕刻的鸽子[10]。

考察鸠杖在日本的接受史，可以发现早在《续日本纪》“文武四年（700 年）正月癸亥十三日”条中，就记载有多治比岛（624—701）受文武天皇御赐“灵寿杖”与“舆台”。

癸亥，有诏。赐左大臣多治比真人岛灵寿杖及舆台。优高年也。

在《续日本纪》“神龟二年（725 年）十一月己丑十日”条中有如下记载：

十一月己丑。（略）是日，大纳言正三位多治比真人池守赐灵寿杖并絁[11]绵。

多治比池守（？—730）在父亲受赐二十五年之后，也获得御赐的“灵寿杖”与纺织品。多治比池守辅佐掌握实权的藤原不比等（659—720），在其死后因经验丰富而得到重用。他为人所知的历史事件是，长屋王[12]之变（729 年）时，他作为纠问使赴长屋王府邸，次日长屋王自尽。

关于灵寿杖的记载，《续日本纪》中有以上两例。中国方面则见于《汉书 · 孔光传》。“灵寿”为树名，在关于多治比岛的记载中，表述为“优高年也”，即体恤年长者之意。深思这御赐的意旨，则会让人想到“鸠杖”的杖头装饰。

救刘邦于危难的鸽子，以及起源于此的鸠杖，在日本文化史中也留下了足迹。可以认为，日本的源赖朝豪杰形象中，隐含着汉高祖刘邦相关典故的影响。

注释：

1. 文部科学省《高中学习指导纲要之修订要点》平成三十年（2018年）版。
2. 译注：源赖朝曾任右兵卫权佐，因而被尊称为“兵卫佐殿”或“佐殿”。
3. 岛津久基《罗生门的鬼——国民传说二十三则》，新潮社，1929年6月。引自“东洋文库（269）”，平凡社，1975年3月。
4. 译注：传说中成吉思汗死后被放置在独木棺中。独木棺是将大树挖成中空作为棺材，放入遗体。
5. 译注：英国的著名传说。苏格兰国王罗伯特·布鲁斯抵抗英格兰国王的入侵，失败六次后躲到森林里，看见蜘蛛织网经历了六次失败，终于在第七次结网成功。布鲁斯立志进行第七次尝试，最终获得成功。
6. 译注：治承（1177年8月4日—1181年7月14日），平安时代末期，高仓天皇、安德天皇的年号。
7. 译注：汉代武将。楚兵围困荥阳时，纪信假扮汉王诈降西楚，使刘邦得以逃脱。
8. 可参考拙文《刘邦与赖朝——〈源平盛衰记〉杉山卧木救难考》（《日中比较文学丛考》，研文出版，2015年9月）。
9. 《俊成卿九十贺记》末尾记载了有家朝臣的《杖歌》：“人岁已近百，来日有几何。”这便是悬于鸠杖一枝二叶上的那首和歌。可参照矢野宪一《杖》（法政大学出版局，1998年10月）第三章《杖的民俗学》中的《庆贺之杖》《宫中杖与殿上杖》《鸠杖》。
10. 宫中杖（鸠杖）全长87厘米。
11. 译注：日本古代的一种纺织品，粗绸。
12. 译注：长屋王为天武天皇之孙、高市皇子之子。724年升任正二位左大臣。与掌握实权的藤原氏对抗，后因谗言而自尽。

第四部

文化与语言

第九章
中日“鸡鸣”讲义

一、小引

上野不忍池是适合探访江户遗迹的著名景点。东睿山宽永寺创建于宽永二年（1625 年），慈眼大师天海为了镇护江户的鬼门，仿照京都比睿山延历寺建造。不忍池形似琵琶湖，池中建有小岛，从竹生岛宝严寺迎来辩才天像，建辩天堂。现今的辩天堂重建于 1958 年。

辩天岛附近立有各种供养碑。除了“不忍池碑”，有纪念明治百年、建于 1968 年的“眼镜碑”，日冕形状的“历冢”，供养三味线琴弦的“弦冢”，以及“河豚供养碑”“鱼冢”“谢鳖碑”“鸟冢碑”等供养食用动物的供养碑。“鸟冢碑”供养各种禽鸟之灵，建于 1962 年，供养者为东京食用禽类鸡蛋商业协会、东京都食用禽类销售业生活卫生同业联合、日本食用禽类关东支部东京都零售会三个团体。此外还有上丰厨师会设立的“包丁冢”，“包丁”即“庖丁”，出自中国典故“庖丁解牛”，转义成为厨师的代名词，在日本指厨师使用的菜刀。这些供养碑体现出从食用动物的生活中萌生的感激和供养的精神文化，并且这种文化甚至延伸至工具。

在森鸥外的长篇小说《雁》第二十二章中，潜藏着对动物的“物哀[1]”情绪。主人公对寄宿处的酱煮青花鱼没有食欲，就约上隔壁的冈田外出。他们向不忍池北面走，刚过了小桥就偶遇同学石原。三人站在不忍池边，看见芦苇与枯荷叶之间的水面上，游动着十来只大雁，其中有几只一动不动。

“石块能扔那么远么？”石原注视着冈田问道。

“扔是能扔到，能不能打中是个问题。”冈田回答。

“你扔扔看。”

冈田有些踌躇：“它们睡着了吧，扔石块砸太可怜。”

石原笑了：“太懂物哀就是麻烦啊。你不扔我来。”

冈田笨手笨脚地捡起一块石头，说道：“那么我把它们吓走吧。”伴随着嗖的一声轻响，小石块飞了出去。我注视着石块飞行的方向，一只大雁昂起的脖子有气无力地耷拉了下去。与此同时，两三只大雁高声鸣叫，扑扇着翅膀，在水面上四散开去，但并没有飞起来。耷拉着脑袋的大雁没有动，还是停在原处。

“打中了，”石原说道，他看了片刻水面，继续说道：“我把那只雁弄来，到时候你们帮我一下。”

“怎么弄？”冈田问道。我不觉凝神细听。

“现在不方便。再过三十分钟天就黑了。只要天一黑，我就能轻松拿到。也不用你们出手，到时候在这里汇合，你们听我安排就行。我请你们吃大雁。”石原说。

“这倒有趣，”冈田说，“不过，三十分钟怎么打发？”

森鸥外《雁》

三十分钟之后，三人重新汇合。在夜色的掩护下大雁已经得手，藏在冈田宽大的外套下。“我”和石原在两边掩护冈田，走过无缘坡下十字路口的岗亭，经过站在坡中间看着“我们”的阿玉。当晚三人用雁肉下酒，喝到很晚。

大雁虽然是“物哀”的对象，却被三人吃进胃里。结合不忍池的“鸟冢碑”来看，小说中的“雁”的悲哀意象和供养碑完美重叠，令人感叹造化的巧合。

二、“鸡鸣”的诗歌

“鸟冢碑”供养产鸡肉、鸡蛋的鸡。鸡属于雉科原鸡属，是很早被驯化的禽类。饲养的目的有报时的“司晨”、斗鸡、观赏等。现在饲养目的主要是产蛋和食用。

“司晨”即根据“鸡鸣”报晓的习性了解天亮的时间。“鸡鸣”经常出现在中日文学的诗歌中，在诗文中起到重要的作用。中国最古老的诗歌总集《诗经》的《齐风》中有一首题为《鸡鸣》的诗歌。

鸡既鸣矣，朝既盈矣。
匪鸡则鸣，苍蝇之声。
（略）

诗歌吟诵黎明时太阳升起，雄鸡高唱，阳光渐渐充盈，清新的早晨已经来临。长夜过后，男女即将开始日间的劳作和生活。诗歌把“鸡鸣”比喻成清早就嗡嗡飞舞的苍蝇的声音，表达了男女间缠绵难分的心情。《鸡鸣》的次章是“东方明矣，朝既昌矣。匪东方则明，月出之光”。描写黎明的东方开始发亮，同时加以否认，说那是月光。在《诗经·郑风》中，有一首《女曰鸡鸣》。

女曰鸡鸣，士曰昧旦。
子兴视夜，明星有烂。
将翱将翔，弋凫与雁。
（略）

女人听见“鸡鸣”察觉到天亮，男人回答“昧旦”。女人催男人起床，男人起身去看，启明星正璀璨闪烁。禽鸟即将飞翔，得赶紧去捕猎。“昧”是由“日”“未”构成的形声字，“未”通“微”，即太阳初升。“旦”是“日”与表示地平线的“一”构成的会意字，表示太阳刚刚露出地平线的时间。“鸡鸣”正是太阳初现，夜晚与白天交替的标志，也是休息与劳作的交界点。

日本的《万叶集》中，“鸡鸣”常常作为导出“东国（关东）”的枕词[2]发挥其作用。

◉（略）平天下而定四海，募勇士兮（鸡鸣）东之国。（略）

《高市皇子尊为城上殡宫时，朝臣柿本人麻吕作歌一首并短歌》（199[3]）

◉（鸡鸣）东国多高山（略）

《登筑波山丹比真人国人作歌一首并短歌》（382）

◉（略）（鸡鸣）恶神熙熙东国遥，薄衣瑟瑟黑发缭。（略）

田边福麻吕《过足柄坂见死人作歌一首》（1800）

◉（鸡鸣）昔时东国事，传诵以至今。葛饰有佳人，真间手儿名。身着麻布衣，衣衿色青青。（略）

高桥虫麻吕《咏葛饰真间娘子作歌一首并短歌》（1807）

◉心系吾君赴（鸡鸣）东方，今可越乎长坂险。

佚名（3194）

◉圣心忧戚戚，何处觅黄金。（鸡鸣）东国陆奥地，小田山出金。喜讯何欣欣，圣上终开颜。

大伴家持《贺陆奥国出金诏书作歌一首并短歌》（4094）

◉鸡鸣天将明，欲往东国行。前去还针袋，却无好缘因。

《越前国掾大伴宿祢池主来赠戏歌四首》其四（4131）

◉（鸡鸣）东国有男儿，别妻心伤悲。来日何其多，重逢未知时。

《上，二月八日，兵部使少辅大伴宿祢家持》（4333）

在古代日本，“东”即为日出的方位，是引出位于“东方”的国度与事物的象征性词汇。另外，也有歌咏男女相会，依依惜别，不愿“鸡鸣”的深厚感情的诗作。

相见时难别更难，臂枕远妻同衾眠。
雄鸡司晨且莫啼，天虽明兮时应怜。

《朝臣柿本人麻吕歌集》（2021）

《源氏物语》成书时代晚于《万叶集》。第二卷《帚木》中描写了源氏与空蝉初次见面，对坐一晚。

晨鸡也已报晓，众随从纷纷起身，口中说着“昨晚一夜好眠”“快把车拉出来吧”之类的话。

“晨鸡报晓”即“鸡鸣”，是亲昵相处的男女分别的信号。只存在于夜晚的爱恋，从谈情说爱的甜美时空转换至日常生活的时空，因冷酷的鸡鸣变成了现实。这种转换和《诗经》的诗歌异曲同工。《诗经》中有主人公确认鸡鸣是真是假的描写，而《源氏物语》中描写的是源氏和空蝉之外的第三者起床的动静，即众“随从纷纷起身”。“晨鸡报晓”的构思，其目的是完成不受男女主人公左右的冷静的场景转换。可以认为，这是在熟知“鸡鸣”的意义的前提下产生的特别的日本式文章表达[4]。

三、“鸡鸣狗盗”的典故

“鸡鸣”一词因为孟尝君的“鸡鸣狗盗”历史典故而广为人知。在中国战国时代，齐国的孟尝君被秦昭襄王扣留。孟尝君派人向昭襄王的宠妃求助，妃子索要狐白裘。但是孟尝君已经把它献给了昭襄王。孟尝君门下擅长钻狗洞偷东西的食客将其偷来，献给王妃，他们得以逃脱。他们逃到要塞函谷关时，天还没亮，关门紧闭。擅长学鸡叫的食客模仿鸡叫，守门的士兵打开城门，孟尝君一行得以平安脱险。这则故事见于《史记·孟尝君列传》。两者颠倒顺序，构成了“鸡鸣狗盗”这个成语。“鸡鸣”表示学鸡叫骗人，“狗盗”表示像狗一样潜入偷盗。进而引申为微不足道的技能，泛指小偷小摸的行径。

“鸡鸣狗盗”包含两个故事。但在文学作品中也常见单独使用的“鸡鸣”。日本清少纳言的《枕草子》第一百三十九段中存在运用此典故的实例。

藤原行成（972—1028）在宫司欢谈至深夜，起身告退。“明日是主上斋戒之日，须闭门在家。到丑时（凌晨二时）就不便了。”次日早晨，擅长书法的行成用藏人所的纸张写了信来：“昨日一别，略有遗憾。本想彻夜长谈往昔之事，无奈鸡鸣催人。”“我”评价他的笔迹清秀，内容上却“写了许多与事实不符的事”。“我”写了回信：“夜深闻鸡鸣，岂非孟尝君乎。”行成立即又写信来：“据说孟尝君以鸡鸣开函谷关，携三千食客过关而去。我却想着逢坂关之事。”“鸡鸣狗盗”的“鸡鸣”是信中的关键词。行成以逢坂关比拟函谷关。逢坂关常见于和歌的枕词，表示男女相会。行成表现出对逢坂关的兴趣，而“我”回了一首和歌。

长夜深深天未明，鸡鸣空音开函谷。
男女相会逢坂关，终难骗过守关人。

所谓“空音”，指假扮的鸡鸣。“我”在和歌中表示逢坂关不比函谷关，天亮之前极难以小伎俩通行。行成回信以和歌作答。

逢坂如虚设，人人皆可过。
纵使无鸡鸣，门开待人来。

行成以传言的口吻回信，称与难关函谷关相比，逢坂关容易通过，因此不需要等待鸡鸣就可以通行。藤原行成是三大书法家之一，所以第一封信被僧都（定子皇后之弟）讨去，其余的都呈献给定子皇后。“我”还被定子皇后笑话:“风头被逢坂之歌压过风头,连返歌都写不出,太没脸面了。”

这是一处将逢坂关和函谷关相比拟的段落,可见清少纳言的汉文才学。我们从围绕关隘的睿智的恋人絮语,也可窥见日本对中国典故的化用与创新。

四、“鸡鸣”与日出

“鸡鸣”与日出之间存在怎样的关系呢?《艺文类聚》卷九十一引用了郭璞所著的《玄中记》。

> 东南有桃都山。上有大树,名曰桃都。枝相去三千里。上有天鸡,日初出,光照此木,天鸡即鸣,天下鸡皆随之。

桃都山上有大树,树上有天鸡。当太阳初升,光照大树,天鸡鸣叫,天下的鸡也随之鸣叫。《太平御览》卷九一八《羽族部　五·鸡》中引用的《春秋说解辞》也指出了相似的日出与鸡鸣的关系。

> 鸡为积阳,南方之象。火,阳精。物炎上。故阳出鸡鸣。以类感也。

文中虽然没有出现“天鸡”,但也有“阳出鸡鸣”的相关表述。《文选》卷三十所载陆机的《拟今日良宴会》中也有类似的描写:

> 譬彼伺晨鸟,扬声当及旦。

李善对此的注解引用了《尸子》“使鸡伺晨”,以及《春秋考异邮》“鹤知夜半,鸡应旦明。明与鸣同。古字通”。“伺晨鸟”即报告早晨来临的鸟,“旦明”表示黎明时的高声啼鸣。

基于这些记载来看,函谷关的守卫听见鸡鸣,误以为到了开城门的时间,也是因为日出而鸡鸣的认识根深蒂固。食客模仿“鸡鸣”,而守卫听见鸡鸣后没有怀疑，打开城门让众人通行。关于“鸡鸣”的认识，不仅中国如此，在日本也一样通用。

说起日本的“鸡鸣”，人们会自然地联想到《古事记》《日本书纪》中的天岩屋之扉传说中常世长鸣鸟所起的作用。天照大神躲在天岩屋中，关闭洞门。高天原陷入黑暗的长夜。失去光明的环境中，思金神（思兼神）收来常世长鸣鸟，使之鸣叫；天宇受卖命（天钿女命）在洞口跳舞，八百万神为之哄笑。天照大神觉得奇怪，明明是黑夜何来长鸣鸟的啼鸣，还有欢乐的哄笑声。于是天照大神把洞门打开一条缝隙。在《古事记》中，天宇受卖命骗她说有比她更尊贵的神。天儿屋命和布刀玉命拿出镜子，天照大神看见镜中自己的样子，觉得奇怪，便要凑近了看。天手力男神和布刀玉命乘机拉她出来，使大地摆脱了黑暗。《日本书纪》中则是天照大神对外面的动静感到好奇，打开洞门，被手力雄神拉出洞口。

关于长鸣鸟，《汉书》卷六十三《武五子传》之《昌邑哀王》中有一条值得关注的记载。

贺到济阳，求长鸣鸡。

刘贺（昌邑王）为昌邑哀王之子、汉武帝之孙。后元元年（公元前88年），昌邑哀王去世，刘贺袭位。十三年后，元平元年（公元前74年），昭帝驾崩。因昭帝无子，刘贺被召赴京即位。刘贺在途中搜求长鸣鸡。颜师古对“长鸣鸡”的注解是“鸣声长者也”。刘贺搜求“长鸣鸡”的原因在于“知日出”。了解时刻、天气，鼓励农事，是帝王的职责。

思金神使之啼鸣的“长鸣鸟”，即“长鸣鸡”。让长鸣鸟在黑暗中啼鸣本身是一种欺骗行为。因为正如中国的文献中记载的，鸡只有在日出时才鸣叫。而天照大神之所以产生疑心，正是因为明明没有太阳，长鸣鸟却在啼鸣，还传来众神的欢乐哄笑声。可以说，思金神让长鸣鸟啼鸣，颠覆了天照大神的常识[5]。孟尝君脱险的故事中，食客擅长模仿“鸡鸣”。而思金神让长鸣鸟啼鸣，也属于同一类骗术。

五、中国当代革命小说与“鸡鸣”

日出之前的鸡鸣，属于早啼。即将天明时最先啼叫的公鸡也属于这一类。中国有一部著名的当代革命小说《高玉宝》[6]，是中国军旅作家高玉宝（1927—2019）的作品，初稿诞生于1951年，是一部自传式小说。高玉宝出生于新中国成立前的东北贫穷农家，九岁时给地主周扒皮养猪。小说的第九章《半夜鸡叫》中，高玉宝半夜上厕所，回屋时见鸡屋那里有人影。他蹲下身，看是不是有偷鸡贼。只见那人并未偷鸡，而是在学公鸡叫。那人走到牛槽边，擦亮了火柴。高玉宝发现那人正是周扒皮。

> “啊！原来是周扒皮，半夜三更什么鸡叫，原来都是老家伙搞的鬼！”周扒皮这一啼鸣不要紧，笼里鸡叫唤起来，全屯的鸡也都叫唤起来。

周扒皮家的公鸡一叫，村里的公鸡都跟着啼叫起来。天黑后才收工回来的长工们刚躺下没多久，又因为鸡叫而被周扒皮赶去干活儿了。高玉宝发现了地主通过“鸡叫”榨取长工休息时间的秘密，在去干活的路上把真相告诉了同伴。两三天之后，高玉宝在鸡屋外高喊“有贼！”，伙计们把周扒皮痛揍了一顿。关于“鸡叫”的骗术，《高玉宝》中还做了补充。

> 这个学鸡叫，是他们老周家起家的法宝呀。从周扒皮的老祖太爷子起，就有人说周家有这一手，一直传到周扒皮这一辈。

代代相传的压榨长工的秘密，正暴露了地主的恶行，它超越了关于劳动的常识，令人咋舌。这其中包含了革命文学的一种使命。

六、鸡鸣的文采

以上考察了中日古今文学中“鸡鸣”的用例：“鸡鸣狗盗”与《枕草子》、天岩屋之扉的传说、《高玉宝》中的《半夜鸡叫》。“鸡鸣”是人们熟悉的家禽的啼鸣。通过对文献的梳理，我们可以发现对鸡鸣时间点的理解是关键，体现出文学中“鸡鸣”的修辞作用。平时很少被关注的“鸡鸣”，竟然蕴涵了深厚的文化意义和生活智慧。《孟子·尽心上》中有“鸡鸣而起，孳孳为善者，舜之徒也；鸡鸣而起，孳孳为利者，跖之徒也”。在日本，鸡也具有多重意义，是供养的对象。包含这些问题在内，有必要从十二支动物的视角出发，对“鸡”的相关问题开展研究。

注释：

1. 译注：日本古典美学思想之一，起源自《源氏物语》，近似“感物伤怀”。
2. 译注：和歌的一种修辞语，修饰特定词语，或调整诗句的音节。又称“冠辞”。
3. 译注：括号内为和歌在诗集中的编号，下同。
4. 中野幸一《〈源氏物语〉的表达方法——短文表达与再叙表达》（《学术研究——国语·国文学编》，早稻田大学教育学部教育会，1987 年 12 月）。中野着眼于“晨鸡也已报晓”这一短句，提出以下观点：“源氏对女主人公的同情渐渐变成怜爱，而空蝉虽悔悟懊恼，却渐渐沉浸于无意识的陶醉中。这些思绪飘荡在这一时空中。‘晨鸡也已报晓’打破了由推测表达建构的甜美的空隙。因此这一短句所产生的效果决不微小。‘也已’让人感知到黎明的氛围已经飘荡在两个年轻人的周围。无疑，宣告黎明到来的鸡鸣，是自古以来相逢的男女离别时的信号。”
5. 参见赵倩倩《记纪中的“长鸣鸟”传说——以鸡鸣与太阳的关系为中心》（《解释》第六十二卷十一·十二月号，解释学会，2016 年 12 月）。
6. 《高玉宝》，中国少年儿童出版社，1956 年 11 月。1988 年版人民教育出版社小学《语文》教科书中，收录了《半夜鸡叫》。高玉宝于 2019 年 12 月 5 日去世，享年九十二岁。

第十章
中日“竹马”小考

一、竹马之友

说起“竹马”，人们首先联想到的是出自《晋书·殷浩传》的“竹马之友”。然而，更古老的《后汉书》卷三十一《郭杜孔张廉王苏羊贾陆列传》之《郭伋传》中有如下记载。

> 有童儿数百，各骑竹马，道次迎拜。伋问：儿曹何自远来？对曰：闻使君到，喜，故来奉迎。伋辞谢之。及事讫，诸儿复送至郭外，问：使君何日当还？伋谓别驾从事，计日告之。行部既还，先期一日，伋为违信于诸儿，遂止于野亭，须期乃入。

郭伋曾于后汉王莽时期任并州牧，建武年间再度任并州牧。之前在并州施民以恩德，因此这次上任时，老幼相携在路边欢迎他。巡行到西河美稷时，有儿童骑着竹马在路边欢迎。唐代李瀚《蒙求》卷下有“郭伋竹马”，所谓“竹马”，就是欢迎郭伋的儿童所骑之物。也是儿童、民众信任仁德的郭伋的象征。唐诗中有不少吟咏“郭伋竹马”的例子。关于“竹马”，虽然有“郭伋竹马”的典故，但是更典型的用法是以“竹马之友”来表现深厚的友情。

“竹马之友”出自《晋书·殷浩传》。晋代的桓温看不起殷浩，吹嘘幼年时自己丢弃的竹马，被殷浩拿去玩。殷浩兵败被废为平民之后，有这样的记载。

> 至是，温语人曰："少时吾与浩共骑竹马，我弃去，浩辄取之，故当出我下也。"[1]又谓郗超曰："浩有德有言，向使作令仆，足以仪刑百揆，朝廷用违其才耳。"

在这段之前，记录了两人少时齐名，暗中却争强斗胜的关系。

> （殷）浩少与（桓）温齐名，而每心竞。温尝问浩："君何如我？"浩曰："我与君周旋久，宁作我也。"温既以雄豪自许，每轻浩，浩不之惮也。

桓温以雄豪自居，轻视殷浩，殷浩却不忌惮桓温。"竹马"象征幼年时的友情，事实上两人谁都不服谁。其反差令人惊异。

有趣的是，"竹马"不仅指男子间的信义和友情，而且常见于两小无猜的异性的游戏场景。李白《长干行二首》第一首开头这样写道：

> 妾发初覆额，折花门前剧。
> 郎骑竹马来，绕床弄青梅。

"郎"骑竹马，"妾"在井边拿青梅玩。骑着竹马的"郎"，正是情窦初开的女主人公的意中人。这是幼年时情愫暗生的温馨场景，也是"竹马"语义变迁中具有代表意义的用例。

二、"竹马"与菅原道真

2002年9月29日，和汉比较文学会召开了第二十一届大会。会议主题是纪念菅原道真逝世一千一百周年，地点是与晚年道真关系密切的太宰府天满宫飞香殿。关于公开学术研讨会"菅原道真的文学世界"的具体情况，大会主持人藤原克己先生在《菅原道真论集》（勉诚出版，2003年2月）中以《总括》为题做了细致的记录。文中提到菅原道真写有汉诗《梦阿满》(《菅家文草》卷二，十四韵二十八句)，祷念七岁时夭折的阿满，祈愿其往生极乐。

> 始谓微微肠暂续，何因急急痛如煎。
>
> 桑弧户上加蓬矢，竹马篱头着葛鞭。

前两句叙述内心难以忍受的哀伤，后两句点明触景伤情的缘由。庆祝男孩出生时，桑枝做弓、艾草为箭，装饰在门口，还有葛藤为鞭的玩具“竹马”倚靠在篱笆旁边，却没人骑着玩了。

研讨会上没有特别谈及“竹马”是怎样的玩具。在日本的国语辞典中，“竹马”释义如下：

> 竹子制成，外形像马，儿童骑玩之物。古时以带叶的细竹截为长度合适的竹杖，杖头加绳作为缰绳，骑跨奔跑。也有以长度合适的竹杖，杖头加木制马头与缰绳，（略）骑跨进行游戏，（略）
>
> 《日本国语大辞典》第二版第八卷
>
> （小学馆，2001 年 8 月）

中国的“竹马”也是同样的玩具。但是和现在孩童玩耍的“竹马[2]”不一样。从《菅家文草》中排列的顺序来看，《梦阿满》创作于元庆七年（883 年），那年道真三十九岁。阿满应该是其长子菅原高视的弟弟。“齿立今春可七年”，阿满不幸夭折，留下的玩具让道真徒增哀伤。

白居易的诗歌中也有几首吟咏“竹马”。其中《赠悼怀太子挽歌辞二首》的第一首中有这样的诗句：

> 竹马书薨岁，铜龙表葬时。

据《旧唐书》卷一七五、《新唐书》卷八十二，悼怀太子（李普）是敬宗的长子，敬宗遇害后文宗即位，文宗待李普视如己出。大和二年（828

年），李普五岁便夭折。文宗难抑恻隐之心，册封其为悼怀太子。“竹马”是太子生前的玩具，和《梦阿满》中的“竹马”相同，寄托对于故人的思念。以竹马祷念幼儿之死，白居易的诗歌是先例。然而白居易的诗中仅写“竹马书薨岁”，没有道真诗歌中“竹马篱头着葛鞭”那样的描写。

说到倚在篱边的竹马，《菅家后集》中收录有一首《山僧赠杖，有感题之》，写到以杖为竹马。

昔思灵寿助衰羸，岂料樵翁古木枝。
节目含将空送老，刀痕削着半留皮。
扶持无处游花月，抛弃有时倚竹篱。
万一开眉何事在，暂为马被小儿骑。

尾联中的“万一开眉”意为“万一有机会舒展愁眉”，指或许有机会重回京城。若真能回京城，那时候要带上什么呢？旅途跋涉自然需要拄杖。可是现在，那根木杖就暂且给小儿当竹马玩吧。

诗歌中从木杖联想到竹马，十分巧妙。西行的和歌集《闻书集》中有以《旅居嵯峨时众人之戏作》为题的十三首和歌。其中一首如下：

犹忆幼时嬉戏欢，昔时竹马今为杖。

西行回忆起童年时游戏的竹马，如今却已到了将“竹马”作拐杖的年纪。这与道真诗歌中小儿以杖为“竹马”的内容相映成趣，幼童与老人的对比，以及拄杖而行的构思都体现出诗人纯粹的内心，余韵悠长。与“杖”相关的典故中，有汉朝刘邦因为鸽子“不噎”而恩赐敬老的“鸠杖”。“竹马”则独辟蹊径，彰显出幼时的记忆。

三、童蒙的世界

《和汉朗咏集》卷下之《情怀 · 庆贺》中收录了橘正通的律诗。其尾联如下：

省躬还耻相知久，君是当初竹马童。

注解为“正通作，贺于在衡卿式部少辅补五位藏人之诗也”。橘正通当时是宫内少丞，他将自己与当年的“竹马幼童”藤原在衡对比，在自惭的同时庆贺在衡出人头地。

《和汉朗咏集》卷下之《佛事》中收录了庆滋保胤的和歌《聚沙为佛塔》。

浪洗欲消，鞭竹马而不顾。
雨打易破，斗芥鸡而长忘。

作者见孩童堆沙为佛塔，转身便忙着骑竹马，即便沙塔被浪打消也无暇顾及。然后又忙着斗鸡，忘记了沙塔会被雨水冲坏。诗歌吟咏了天真无邪的童心才是善根之所在。所谓“芥鸡”，指羽翅沾满尘芥的斗鸡。

竹马和斗鸡可谓具有代表性的男孩游戏。杜牧写有《杜秋娘诗并序》，诗中讲述了杜秋娘为傅姆时皇子（穆宗六皇子李凑）的成长。

渐抛竹马剧，稍出舞鸡奇。

皇子已经渐渐不喜欢骑竹马，开始热衷于“舞鸡”，而且还能“出奇”。“舞鸡”即为斗鸡，是唐代王侯热衷的游戏。唐代贾昌因擅长斗鸡而得到玄宗恩宠，其事迹见于唐代小说《东城老父传》。

幼童过了游戏的年纪，便到了读书求学的阶段。颜萱《过张祜处士丹阳故居》的首联中出现“抛竹马”。

忆昔为儿逐我兄，曾抛竹马拜先生。

日本诗人大江匡衡的诗文集《江吏部集》中收录的《述怀古调诗一百韵》的第二联如下：

> 七岁初读书，骑竹系蒙泉。

“骑竹”意为骑竹马，“蒙泉”指“童蒙之泉”，即孩童无知蒙昧的阶段。诗中讲述七岁才开始读书，尚未摆脱骑竹马游戏的童蒙世界。不久后，孩童们将通过《蒙求》[3]等书籍，进入启蒙求学的世界。“竹马”之戏是通往启蒙、求学的前奏，竹马作为玩具的意义超越了游戏。

四、“竹马”余谈

日本宝历二年（1752年）出版的静观坊好阿著《当世下手谈义》中，出现了“竹马之耳迎北风”的讲法。北风吹竹马之耳，自然是毫无反应，与“马耳念佛”的意思相同。而汉语中有“马耳东风”一词。“马耳东风”的典故出自唐代李白《答王十二寒夜独酌有怀》。

> 吟诗作赋北窗里，万言不直一杯水。
> 世人闻此皆掉头，有如东风射马耳。

《古诗十九首》被视为中国五言诗的起源。其中的“胡马依北风”即李白化用的典故。胡马来自北方，所以会对北风做出反应，对东风则没有反应。“东风射马耳”，意为毫无反应。而“竹马之耳”是玩具的耳朵，所以就连对北风也不会像马儿那样产生反应。“竹马之耳迎北风”可以说是化用典故“马耳东风”的例子。

在日本，“竹马”存在两种形态。

> 一种玩具。骑跨于竹竿或木棒上进行游戏，或在两根竹竿上装脚踏板，立于其上。前者历史悠久，始于平安时代，后发展成杖头装上

纸糊的马头的“春驹式”。后者出现于室町时代，最初为木制，江户时代演变为竹制。

《国史大辞典》第九卷（吉川弘文馆，1988 年 9 月）

第二种“竹马”早在中国先秦时代就已经出现。《列子 · 说符》中记载：“宋有兰子者，以技干宋元。宋元召而使见其技。以双枝长倍其身，属其胫，并趋并驰，弄七剑迭而跃之，五剑常在空中。元君大惊，立赐金帛。”这应该是中国高跷的起源。日本江户时代则有脚穿高足鞋行走的记载，记为“高履”“高野行人”“鹭足”等。

《当世下手谈义》中“竹马之耳”的“竹马”，是哪一种“竹马”呢？从有耳朵这点来看，我们可以推测为装饰了马头的“春驹式”，是骑跨的单根竹竿。

《国史大辞典》中对两种“竹马”还有这样的解释：“彼得 · 勃鲁盖尔[4]的画作《儿童游戏》[5]中两种竹马都有。可见外国早已有之，日本的竹马可能源自国外。直至大正时代，种子岛都有这两种游戏。前者称为竹马，后者称为鹭足。”森洋子在著作《勃鲁盖尔的〈儿童游戏〉》（未来社，1989 年 2 月）的“18 棒马”中指出：“男孩手持鞭子骑棒马游戏。画面中的马头做工精致，装饰以上等的鬃毛，配有成套的辔头、缰绳。”“46 低竹马”“50 高竹马”解说了两根木棒的“竹马”，“原本作为成年人生活用具的意义大于玩具。”比如，“过沼泽时，就用低竹马；放羊时观察远处的羊群，或是防范狼的来袭时，高竹马就派上了用场。”可见，玩具的诞生与变迁不分东西，让人不禁对超越国界的游戏的历史产生浓厚的兴趣。

注释：

1. 《世说新语 · 品藻第九》中有相似的记述：“殷侯既废，桓公语诸人曰：‘少时与渊源共骑竹马，我弃去，己辄取之，故当出我下。’”
2. 译注：江户时代之前，日本的“竹马”与中国相同。江户时代出现的“竹马”，类似以竹竿制作的高跷。

3. 译注：《蒙求》为唐代李瀚编著的儿童启蒙课本。在日本从平安时代起长期使用。书名“蒙求”源自《易经》“蒙”卦辞中的“童蒙求我”。
4. 译注：彼得・勃鲁盖尔（Pieter Bruegel，约 1525—1569），16 世纪尼德兰地区的绘画大师。一生以农村生活为题材，被称为“农民的勃鲁盖尔”。
5. 《儿童游戏》创作于 1560 年，是勃鲁盖尔安特卫普时期的作品，现藏于维也纳美术史博物馆。

第十一章
中日文学"扇"之比较

一、班婕妤《怨歌行》

与"扇"有关的中国诗歌中，汉代班婕妤的《怨歌行》不容忽视。班婕妤为左曹越骑校尉班况之女，《汉书》作者班固父亲班彪的姑姑。汉成帝即位后，班婕妤入宫为妃，受到宠爱。婕妤为官名。史书记载她"秀色聪慧"。

《汉书》卷九十七下《外戚传》中有《孝成班婕妤传》。"成帝游于后庭，尝欲与婕妤同辇载，婕妤辞曰：观古图画，贤圣之君皆有名臣在侧，三代末主乃有嬖女，今欲同辇，得无近似之乎？"班婕妤劝谏成帝古代圣贤君主身旁有名臣，而夏桀王、殷纣王、周幽王三代末主则有爱妾陪乘。成帝"善其言而止"。唐代李瀚著《蒙求》，其中收录"班女辞辇"的典故。《汉书》还记载有"婕妤诵《诗》及《窈窕》《德象》《女师》之篇。每进见上疏，依则古礼"。

班婕妤容貌秀慧，德行出众。但是赵飞燕、赵合德姐妹入宫后，成帝沉溺于声色，冷落了班婕妤。许皇后在寝宫中设神坛，诅咒赵氏姐妹，被诬告诅咒皇帝，导致许皇后被废。班婕妤受牵连，被赦免后自愿去长信宫侍奉太后。《汉书》中记载了当时她作的赋。《怨歌行》是她失宠之后所写的五言诗。

新裂齐纨素，皎洁如霜雪。
裁为合欢扇，团团似明月。

出入君怀袖，动摇微风发。
常恐秋节至，凉风夺炎热[1]。
弃捐箧笥中，恩情中道绝。

班婕妤在诗中以扇喻人。齐地出产洁白的纨素，做成合欢扇，团扇的形状如同满月。承蒙君王不弃，时常使用。却恐怕秋天来临时，凉风驱散了炎热，扇子摆脱不了被藏于箱中的命运。诗中歌咏的“秋节”，是“凉风夺炎热”的可怕的季节，但是季节的变换不以人的意志为转移，“弃捐”“绝”反映出最终的命运。班婕妤以合欢扇隐喻自身的境遇，哀叹失宠的处境。

二、“团扇”“秋扇”与白居易的《雨后秋凉》诗

失宠的班婕妤是悲剧性的存在，却为后世的文学创作提供了绝好的素材。宋代郭茂倩编撰的《乐府诗集》卷四十三《相和歌辞 · 楚调曲下》收录了《班婕妤》（陆机等十三首）、《婕妤怨》（崔湜等九首）、《长信怨》（王諲等三首）。吟咏班婕妤的诗歌不在少数。其中多与《怨歌行》中的“扇”相关，既有“纨扇”“团扇”，也有“秋扇”。

形容与时令不和之物，有“夏炉冬扇”的说法，出自后汉王充《论衡 · 逢遇篇》中的“以夏进炉，以冬奏扇”。如今的建筑密封性好，即便没有空调也足以抵挡寒暑，有时甚至也需夏炉冬扇。然而，夏扇冬炉才是与季节相称的有用之物。因此，与“夏扇”相对的“冬扇”是无用之物。夏季过后的“秋扇”具有微妙的语感，它敏锐地把握了秋天的到来，表现出失宠的惆怅心境。“秋扇”一词包含了这种无奈的感伤。

班婕妤吟咏的“合欢扇”，是剪裁齐地的纨素，贴在扇骨的正反面做成的团扇。“合欢”意为心心相悦。扇子因取材于“纨素”，又称“纨扇”；因其形状“团团似明月”，又叫“团扇”。吟咏团扇的诗歌中，具有代表性的是白居易的《雨后秋凉》（《白氏文集》卷六十七《律诗》）。

夜来秋雨后，秋气飒然新。

团扇先辞手，生衣不著身。
更添砧引思，难与簟相亲。
此境谁偏觉，贫闲老瘦人。

《雨后秋凉》首联描写夜雨之后，空气清爽宜人；颔联讲述已不用团扇，不再穿夏衣，即“生衣”。颈联写秋天来临，传来捣衣声，不适合再睡竹凉席；尾联点明之所以敏锐地感觉到这样的变化，是因为自己“贫闲老瘦”。

这首诗的主题是敏锐地感受到秋凉。而颔联上句“团扇先辞手”在日本最为脍炙人口，影响了一些诗歌。考察这一问题，首先须关注的是平安时代藤原公任编撰的《和汉朗咏集》。其中有明显化用“团扇先辞手”的和歌。

夏尽之扇秋白露，扇置露置孰为先。

这首和歌收录于《和汉朗咏集》卷上之《夏部 · 晚夏》（169），没有记录作者，仅记载或为中务、躬恒[2]。《新古今和歌集》卷三《夏歌》中，将其收录为壬生忠岑（约 860—约 920）的作品。“夏尽之扇”“秋之白露”并列，“扇藏”“露降”均与“置”搭配，表现出夏秋之际的季节变化。而且“扇”未用“秋扇”，避免与“秋之白露”重复。《雨后初凉》第三句为“团扇先辞手”，和歌中的“孰为先”与白居易诗中的“先”对应；“置”夏扇与诗中的团扇“辞手”对应；白露“置”即白露初降。显然，这首和歌化用了“团扇先辞手”。其妙处在于没有直接出现“秋扇”，并用“扇”引出与“置”相关的白露，使诗歌的空间得以拓展。这首和歌的构思回应了“晚夏”的主题。

晚于《和汉朗咏集》的《新古今和歌集》由藤原家隆（1158—1237）等人编撰。家隆的《壬二集》中收录了这首和歌：

月影初升多贺山，恰似夏尽弃秋扇。

这是以“月之歌”为题的和歌中的一首。以“咏七夕之歌献之”为题的和歌中有这样一首：

今时虽见弃，人所共厌之。
七夕之秋扇，其名难忘矣。

第一首中的“秋扇”出现于夏已尽时，遭到厌弃。后一首中也用了表示抛弃的动词。这是以“夏尽”为题的和歌，“秋（あき）”与“厭（あき）”谐音双关。诞生于中世的谣曲《班女》中有这样的唱段：“夏之尽时秋日近，团扇白露孰为先。起卧在床独自眠，枕卧向月闺中看。”《班女》正是源自失宠的班婕妤与其《怨歌行》的作品。

同为《新古今和歌集》编撰者的藤原定家（1162—1241）也写过与秋扇相关的和歌。

敏鹰驯兮秋风起，彼秋扇兮离手远。

《夫木和歌抄》卷十三《秋部四·秋风》以“文集百首，团扇秋中”为题，藤原定家的《拾遗愚草员外》也以“团扇先辞手”为题。前者中的“文集”指《白氏文集》；后者的“团扇先辞手”也出自白居易的诗歌。

“敏鹰”是鹰的一种，用于狩猎。敏鹰驯服之时，秋风渐起，扇子自然已不再需要，远离手边了。“秋扇”的构思来自“先辞手”的团扇；“离手远”也是化用了“辞手”之意。此处的“秋（あき）”也与“厭（あき）”谐音双关。

白居易的诗句“团扇先辞手”与班婕妤的《怨歌行》都对日本的诗歌产生了深远的影响。尤其值得注意的是《新古今和歌集》的时代，定家和家隆吟咏“秋扇”的作品。吟咏“秋扇”的先例，最早可以上溯至壬生忠见，即吟咏“夏尽之扇”的壬生忠岑之子。

女郎花色苞已绽，问君缘何染秋扇。

壬生忠见也是三十六歌仙之一。这是《忠见集》中以“帝之朽叶色扇，正面仅绘仙鹤图案，背面一侧作苇手书[3]”为题的第二首。在此之前，吟咏“秋扇”的诗作并不多见。

三、《和汉朗咏集》中的班婕妤和《怨歌行》

汉代班婕妤的《怨歌行》不仅在中国流传至今，在广泛吸收中国文化的日本，也在文学世界中产生了深远的影响。通过《和汉朗咏集》卷上之《冬部 · 雪》中收录的尊敬的诗句（380），便可窥一斑。

班女闺中秋扇色，楚王台上夜琴声。

“班女”即班婕妤。正如收录部类所示，这两句诗吟咏的是“雪”。根据释信阿的注解，诗句出处为尊敬的《题雪》。尊敬为僧名，本名橘在列。日本天庆七年（944 年）出家，入比睿山，号尊敬，生卒年不详。诗歌上句写雪色，下句写雪音。雪与扇色彩上的关联见于《怨歌行》中的“皎洁如霜雪”。而且诗中的“扇”以“秋扇”表现，体现出意味深长的悲哀之色。

《和汉朗咏集》中吟咏“秋扇”的仅此一例。而化用《怨歌行》的诗作则为数不少。卷上之《夏部 · 纳凉》中大江匡衡的作品（162）值得关注。

班婕妤团雪之扇，代岸风兮长忘。
燕昭王招凉之珠，当沙月兮自得。

诗中直接出现班婕妤的名字。“团雪之扇”是从“皎洁如霜雪”“团团似明月”两句中各取一字，造出“团雪”一词。诗句出自《夏夜守庚申，侍清凉殿，同赋避暑对水石，应制一首并序》。大江匡衡是一条天皇的侍读、文章博士，长和元年（1012年）去世。

《和汉朗咏集》卷下之《天象 · 风》中，收录了与匡衡大致生活于同一时期的庆滋保胤的诗歌（400）。

班姬裁扇应夸尚，列士悬车不往还。

“班姬”即班婕好。根据释信阿的注解，诗句出自《庆保胤　清风何处隐》。从标题的意义来看，清风隐没，可见是班姬为招来凉风而裁纨素做团扇，受到天子恩宠。“清风何处隐”出自白居易的《月夜登阁避暑》第三句“清风隐何处”。保胤于长保四年（1002年）去世。

《和汉朗咏集》卷下之《山川 · 山》中，收录了后中书王（具平亲王）的《遥山敛暮烟　以晴为韵》（494）中的诗句。

纨扇抛来青黛露，罗帷卷却翠屏明。

上句中的“纨扇”出自《怨歌行》的“新裂齐纨素”。

以上的诗例可佐证，日本古典文学的确受到班婕好《怨歌行》的影响。这些诗句让人联想到《怨歌行》中的用词和典故。在日本诗人的创作之外，《和汉朗咏集》卷上之《夏部 · 扇》中还收录了白居易诗歌的摘句（199）。

盛夏不销雪，终年无尽风。
引秋生手里，藏月入怀中。

诗句出自白居易五言诗《白羽扇》的三、四联。“盛夏不销雪”指扇子的颜色，“终年无尽风”指一年四季都有风。使用扇子时仿佛手握秋风，纳入怀中时仿佛藏月入怀。“不销雪”“藏月”“入怀中”都化用自《怨歌行》。《白羽扇》的第一联如下：

素是自然色，圆因裁制功。

第一联上句中吟咏素色是自然色，与第三联上句“不销雪”对应。白居易吟咏的对象是白羽扇，虽然同为圆形的团扇，材料却与班婕妤的“纨素”扇大相径庭。白羽扇看似摆脱了纨扇的束缚，却时常现出班婕妤的影子。这一事例值得重视。

摘句被置于《夏部 · 扇》中，与班婕妤的纨扇并驾齐驱，可以说是摘句使原诗获得了新的生命。《和汉朗咏集》中除了白居易的诗歌，卷下之《情怀 · 恋》中还收录了因《游仙窟》而知名的张文成的诗作（778）。

更阑夜静，长门闭而不开。

月冷风秋，团扇杳而共绝。

诗歌的上句描写汉武帝在位时，陈皇后被幽闭于长门宫。下句的“团扇”出自班婕妤《怨歌行》中的“团团似明月”。随着秋天来临，团扇遭弃用，恩情也随之断绝，突出了“悲恋”的主题。诗中的“团扇”既有“秋扇”的寂寞，也有“团圆”无望的悲切，以及境遇急转直下的隐喻。在这两重意义上，它都与“团扇先辞手”存在联系。

四、《经国集》与《文华秀丽集》

日本接受班婕妤《怨歌行》的轨迹，可以上溯至《和汉朗咏集》中的摘句。淳和天皇天长四年（827 年）成书的《经国集》卷十四收录了锦彦公的《看宫人玩扇》（七言律诗）（201）。其颔联如下：

遥似恒娥凭汉月，还疑班子恐秋风。

下句中的“班子”指班婕妤，“恐秋风”想必出自《怨歌行》中的“常恐秋节至，凉风夺炎热”。作者锦彦公为锦部（锦织部）彦公。津田左右吉在《文学中体现的国民思想研究》[4]一书的《文学概观·下 平安朝初期的文学》中论证了“诗歌就是异国情趣”的观点，指出《看宫人玩扇》中的“宫人”是“长信宫里人”。即将该诗视为日本模仿中国文化的例子。那么赏玩扇子的宫人，想必也有着与班婕妤相似的境遇吧。

比《经国集》更早、成书于嵯峨天皇弘仁九年（818年）的《文华秀丽集》中也有古老的例子。之前提过，中国的《乐府诗集》中收录有《班婕妤》《婕妤怨》《长信怨》等乐府体诗作。《文华秀丽集》中也有日本人写的乐府体诗作，即嵯峨天皇御作的《婕妤怨》一首（58）。

昭阳辞恩宠，长信独离居。
团扇含愁咏，秋风怨有余。
（颈联、尾联略）

首联上句中的“昭阳”指昭阳殿（昭阳舍），下句中的“长信”指长信宫。昭阳殿是成帝御赐赵飞燕之妹赵合德（昭仪）的宫殿，也说是赵飞燕姐妹的住处。上句指赵飞燕姐妹夺去了成帝对班婕妤的恩宠。而长信宫为皇太后的住所。“长信独离居”指班婕妤自愿离群索居，去长信宫侍奉皇太后。颔联咏团扇，影射班婕妤失宠的惆怅，连吹过的秋风也带着太多的哀怨。

嵯峨天皇是怀着怎样的心绪吟咏异国汉代皇帝引发的后宫爱恨的呢？《文华秀丽集》中，御诗之后有巨势识人和桑原腹赤的《奉和婕妤怨》（59、60）。两首诗作并未吟咏班婕妤的团扇，但桑原腹赤的《奉和婕妤怨》（60）的颔联中吟咏了“昭阳”和“长信”。

昭阳歌舞盛，长信绮罗愁。

诗歌将“昭阳”“长信”对置，蒙受恩宠者与失宠落寞者形成鲜明的对比。她们生活的场所便是得意与失意的象征。嵯峨天皇的御诗和桑原腹赤的诗歌，都通过对比点明女性境遇的变化。“昭阳”与“长信”语义含蓄，蕴含着汉代著名女性的历史，用例并不鲜见。从《文华秀丽集》中另举一例：同为桑原腹赤所写的《和滋内史秋月歌》（138）。

长信深宫圆似扇，昭阳秘殿净如练。

诗人吟咏秋月时，上句写悬于长信宫上的圆月好似团扇，下句描写照在昭阳殿的月光纯净如白练。上句形容圆月如团扇，显然脱胎自班婕妤的诗句。该诗的前一首是嵯峨天皇的御诗《和内史贞主秋月歌》（137），其中一句为“皎洁秋悲班女扇”。该句以“皎洁”形容月色，并将月亮比喻成“班女扇”，即班婕妤笔下的团扇。

五、不吉利的扇子

久候郎君的女子让人同情，连不应时的秋扇都招人恨。日本的习俗中，扇子并不吉利。根据辞典的解释，受班婕妤《怨歌行》的影响，日本男女之间忌讳送扇子，认为扇子不吉利。成书于贞元、天元年间（976—982）的《古今和歌六贴》卷五中有这样一首和歌：

其名不足信，故谓扇不吉。

日语古文中“扇”读作“あふぎ”，与表示相逢的“逢ふ（あふ）”谐音，古时多用于临别相赠。另外，“扇（あふぎ）”也与“逢ふ儀（相逢之仪）”相通。男女之间也赠扇，以此作为深厚情谊的见证。然而“相逢之仪”名不副实，终难再会的情况也比比皆是。对不只是期望相逢，更渴望长相厮守的人而言，班婕妤的扇子具有悲剧性色彩，是阻碍恋爱、无法达成圆满之物，因此产生了忌讳的心理。这是赠扇成为禁忌的缘由，也是日本特有的恋爱习俗。

《后撰和歌集》卷十三《恋之五》中，有一首“歌者不详”的和歌值得注意。

且莫怨人恩情薄，不以为讳己之过。

作者在歌序中写道："虽未恩绝，彼心已迁。彼曾求扇，题以赠之。"扇子送给要变心的男子，这是他之前一直想得到的。在此之前，女子并未想过扇子遭弃的"秋（厭）"的季节会到来。将和歌写在扇面上，显得意味深长。收到扇子的男子是否回心转意，不得而知。但这首和歌却证实了"扇子不吉利"的习俗。

《大和物语》第九十一段《扇之香》中记录了一段逸事。三条右大臣藤原定方尚为中将时，受敕命赴任贺茂祭。他与之前相熟的女子联系："行时匆匆，未携扇来，可否见赠欤。"女子送来色雅风馨的扇子，背面手书和歌一首：

扇兮大不吉，恋者甚讳之。
如今无所虑，遥寄托忧思。

和歌中明确指出，相爱之人忌讳赠送不吉之扇。女子从未送过扇子，此次为了应急而赠。两人现在的关系，已无须顾虑这样的忌讳，女子因此感到心酸。男子读了这首和歌，体验到别样的哀伤，回赠了一首返歌。

忌讳扇不吉，怎可相予赠。
何不言无扇，试问谁薄情。

"忌讳赠扇"，正是人们认为扇子不吉利的习俗。男子反问，扇子明明不吉利，为何还送来，而不是说"无扇可赠"呢？到底是谁薄情呢？

在古代，认为扇子不吉利的习俗深深地渗透进生活之中。这种日常习俗诞生于日本的风土，是中国所没有的。正因为如此，班婕妤的《怨歌行》在日本独特的接受情况，值得大书一笔。

注释：

1. 译注：在中国，“凉飙夺炎热”的版本较为常见。
2. 译注：中务、躬恒均为平安时代中期的歌人，位列三十六歌仙。中务为女性歌人，躬恒全名为凡河内躬恒。
3. 译注：苇手书是平安时代流行的文字书写方式，以假名、汉字模仿水边的风景，如芦苇、岩石、水鸟等。
4. 《津田左右吉全集》第四卷，岩波书店，1951 年。

第十二章

汉字、汉字词[1]、汉文

一、日本的风土环境

汉字、汉字词、汉文存在于日本人的日常生活之中。只要观察日语“听、说、读、写”的语言行为，便不难理解它们已融入生活这一事实。

汉字文化的影响历史久远。据《日本书纪》的记载，应神天皇十六年（285年）二月，王仁来到日本，任太子太傅，教授典籍。《古事记》记载，和迩吉师从百济国带来《论语》十卷、《千字文》一卷。江户时代，九州志贺岛出土了“汉委奴国王”金印，与《后汉书·东夷列传》中“建武中元二年，倭奴国奉贡朝贺，使人自称大夫，倭国之极南界也，光武赐以印绶”的记载相符。《千字文》为南朝梁周兴嗣编撰，因此《古事记》的记载与史实有出入。但这些都是记录汉字、汉籍初传日本的史料，显示了日本如何在接受、消化外来的文字、文化的基础上，发展本国文化。

汉字诞生于中国并不断完善，后来传播至日本，成为日语表达中不可或缺的符号，以及“听、说、读、写”等语言行为必不可少的工具。

所谓“万叶假名”，指古代为标记日语而用作表音文字的汉字，通过汉字的音义的组合来标注日语语音。《万叶集》不仅通过这种方式记录日语，也存在直接以汉文记述的例子。如《万叶集》卷九《相闻》之《天平元年己巳冬十二月歌一首并短歌》（1787）。

……每見　戀者雖益

色二山上復有山者　一可知美……

这两句以汉文体写成，并夹杂字训。“山上复有山”出自《玉台新咏》卷十中收录的《古绝句（其一）》的承句，是将“出”字拆成“山”“山”的字谜。这一句是在日文和歌中巧妙地插入中国的文字游戏。“色二”的“二”对应日语助词“に”；“一可知美”的“一”训读为“ひと”，表示“人”；“可知”为汉文体，可训读为“知るべし”；“美”对应假名“み”，表示原因。这两句的意思是：“每当看见，就越发思念（妻子）。如果表情有所流露，会被人觉察，因此……”

《万叶集》中体现出古代日本接受汉字的情况，以及学习、使用丰富的文字表达方式的痕迹。借用汉字的万叶假名自不待言，如果没有接受汉字、汉字词、汉文，并以训读进行理解，所谓日本特有的平假名、片假名也不可能诞生。

与被称为“真名”的汉字相对应的是“假名”。其中，片假名起源自“汉文训读”时作为训点对万叶假名进行补充的符号。“片”指取汉字的一部分。平假名是从万叶假名的草书体独立出来的标记符号。换言之，正因为存在与标记、文化知识相关的“真名”，才诞生了片假名和平假名这样的“假名”。“真名”“假名”的关系，清楚地体现出日语文字的历史，更能彰显将假名强调为日本“国风”的文化特性。

即使不了解假名的源流，日常生活也不受影响。而了解了这些，可以明白文化之深厚，对古人的智慧、丰富的想象力产生惊叹、崇敬、感谢之情。生活在现代日本的人们，继承了假名这一知识财产。假名诞生的根源在于“标记”的行为，从这种行为记录、传播事件的功能中，产生了表现形式与表现方法的问题。它与语言表达的丰富性相关联，也与文学行为的源泉相关。因此，我们有必要关注这一方面的汉字、汉字词、汉文的现象以及源流，进行深入的考察。这不仅对于“国语”教育本身，而且对于在学科之外把握日本的文化与知识，都是极为有用且重要的。

二、“国语力”与汉字

2004年2月3日的文化审议会报告书《今后的时代所要求的国语力》规定，“国语力”的核心是思考、感知、想象、表达的能力，即“处理、应用以语言为中心的信息的能力”。使其发挥作用的基础是“国语知识”“修养、价值观、感性等”。“国语力”是个人能力的构成部分，不仅要靠学校教育，还要在家庭、社会中终身培养。为此，我们有必要在日常生活中创造能够与国语力的各个要素接触的环境，在点滴积累中提升国语力。为培养、提高“国语力”，报告书要求“熟悉古典文学（古文、汉文）”“分场合准确使用词语”等，这些都与汉字、汉字词、汉文密切相关。

2004年12月，经济发展与合作组织（OECD）发布了国际学生评估项目（PISA）[2] 2003年的评估结果。日本学生的阅读能力从2000年的第八名下降到第十四名，引发了所谓的“PISA震撼”。文部科学省产生强烈的危机感，基于“自由表述部分较弱”等分析，在2005年制定了《提高阅读能力的方案》，提倡在所有学年、所有学科的课程中培养学生的阅读能力。在新版《学习指导纲要》中，各科目均强化了语言能力的培养。这对学校整体的教育水平提出了新的要求，必须认识到根本在于培养超越学科界限的语言能力，尤其是读写所需的汉字能力。

日本人从小学开始学习汉字，其中也不乏上小学前就提前学习的。我们看到多种多样的事例，学习者对汉字有爱有恨、有悲有喜。比如汉字的笔画、字形，有人喜欢，有人厌恶。而汉字从日本人的姓名到日常生活的方方面面，都是无法割舍的。那么，汉字是怎样诞生的呢？

鲁迅在《门外文谈》的“二　字是什么人造的？”中讲到仓颉和结绳。仓颉又作苍颉，是古代黄帝的史官。唐代李瀚的《蒙求》中以“苍颉制字”记录了他发明文字的事迹。《三才图会》中有他的画像，左右各有两只眼睛，一共有四只眼睛。中国最古老的辞书《说文解字》（东汉许慎著）的序言中说仓颉“见鸟兽蹏迒之迹”，加以辨别，发明了文字。仓颉四目，象征他具有超乎常人的观察力、洞察力。鲁迅说：“我们这种只有两只眼睛的人，是不但本领不够，连相貌也不配的。”

文字如何产生？具有怎样的意义？正如《说文解字》书名所显示的，该书对文字的产生和意义进行了系统、科学的解说。“文”表示线条的交叉，指基础性的文字。“宀”加“子”表示诞生、增殖，表示由“文”组合而成的派生文字。《说文解字》所研究的文字，是秦始皇统一天下之后“书同文”的“小篆”，当时还没有发现甲骨文。

甲骨文发现于十九世纪末，即清朝末年。在许慎的时代，甲骨文还沉睡在泥土之中。1899 年，国子监祭酒王懿荣为了治疗疟疾而服用中药，发现一味中药“龙骨”上刻有文字，于是和刘鹗大量收集，之后发现这些是记录殷周时代占卜结果的文字。而《说文解字》并没有将这些文字作为研究的材料。

许慎在《说文解字》中提出“六书”说，解释造字法。“六书”包括“象形”“指事”“会意”“形声”以及两种特殊的类型“转注”“假借”。

“六书”中广为人知的是“象形”。例如汉字“山”，从字形上来看很难想象其作为象形文字的图像。汉字“山”最早是三个“△”水平排列的图形，字形简化后变成现在的“山”。汉字“日”原先是描绘太阳的形状，后来从圆形变成了方块字。月亮形状的文字，演变成现在的“月”字。而从“月”又派生出“夕”字。“夕”现在多指傍晚，而原先是表示月亮出来的时间段，泛指晚上。回到汉字如何确立的原点，我们会发现许多以前不了解的深层意义。

“指事”是用象征性符号表示意义，例如表示在某物的上方或下方。汉字“上”和“下”，以“一”为对称轴，“⊢”在“一”上为“上”，“⊢”在“一”下为“下”。

象形、指事创造的是基础性的文字，即“文”。把它们进行组合就派生出许多新“字”。例如，在象形文字“木”的长长的竖的下方加上指事符号“一”，就构成新的文字“本”，表示树根。（“会意”“形声”见下一节。）

“转注”指“同意相受”。例如，表示音乐的“乐”字，改变发音后转为表示“快乐”的“乐”。“假借”为“借用”。如以“手”执“戈”

的“我”字，因声假借而演变为第一人称代词。

汉字是读写的基础。因此，必须寻找有效的方法，既不打消学习者的兴趣和热情，又能让他们认真学习、掌握教材中不断出现的新汉字。这是需要悉心琢磨、趣味盎然的领域。

三、汉字的学习

现行的小学《各学年汉字分配表》中，要求第一学年掌握 80 字，第二学年掌握 160 字，第三学年掌握 200 字，第四学年掌握 200 字，第五学年掌握 185 字，第六学年：181 字，合计 1006 字。桥本幸二著文《汉字教育——重新评价〈各学年汉字分配表〉》[3]，立足于初高中的教学经验，指出“有不少汉字，在孩子们的日常生活中出现频率很高，却被该表排除在外”。例如“浮”“沉”常见于学校的游泳课，应该优先学习。而且“有些汉字明明成组学习更简单，却分别在不同学年教授”。例如，“一”“十”“百”“千”在第一学年教授，“万”却在第二学年；“深”在第三学年，“浅”却在第四学年；“阶”在第三学年，“段”却在第六学年；“君（你）”在第三学年，“私（我）”[4]却在第六学年，另外，熟语“公私”的“公”在第二学年。的确，考虑汉字的同义、反义，以及熟语进行适当的安排，对于提高学习者的词汇运用能力是有效的。

2019 年 5 月 1 日，平成天皇退位，德仁亲王即位，年号从“平成”改为“令和”。而“令”“和”两个汉字分别在第四学年、第三学年教授。“令和”出自《万叶集》卷五《梅花歌卅二首并序》。

于时，初春令月，气淑风和；梅披镜前之粉，兰薰佩后之香。

“令月”的“令”意为“好”，“和”意为“和煦”。圣德太子《十七条宪法》中有广为人知的“以和为贵”。因此，“令和”二字容易让人产生亲近感。

为了提高汉字学习的效率，有必要把教学内容拓展到汉字的造字法，从而让学习者深入理解。以熟语"公私"为例，两个汉字有相同的部分"厶"。文字学对"厶"的意思有各种解释。例如"厶"是耕作使用的锹的象形文字，指使用铁锹自己耕作、自己劳动，因此表示"私"这一物体的主体，"私"的概念。另外也有人认为"厶"是手臂，将手臂围拢来表明是自己的东西。也有解释说"厶"是用食指指着自己的鼻子，表示"这是我的"。从侧面看人脸，鼻子的形状的确与"厶"相似，因此"厶"表示"我"的概念。另外，根据辞典的解释，"厶"是"私"字的起源。

在古代农耕社会，重要的物品是"禾"，即谷物。"禾"加上表示私有的"厶"，就诞生了"私"字。这就是"会意"的造字法，即"组合（会）""意义（意）"，创造新字。而且"厶"读音为"sī"，"私"也有形声字的特点。

相反，"公"字上半部分"八"表示相背或敞开的意思。敞开原先闭合之物，也就具有了把东西分给、赠予他人的意义。因此，"公"表示敞开原先闭合的"私"有之物，提供给"公"，为"公"所有。这也是会意文字。

"公"和"私"可以进行以上这样的对比学习、理解，同时也是在日常生活中理解文字的合适材料。教师可以着眼于汉字的组成部分，有机会就整理、撰写成小论文。也可以寓教于乐，让学生根据自己的兴趣，挑战写作小论文。

四、汉字的"离"与"合"

"私"字由"偏"和"旁"组成，反过来说，也可以分解成"偏"和"旁"。汉字有偏、旁、冠、脚、构、垂、绕等构字符号，可以根据构字符号进行分解。汉字可以通过"离（分解）""合（组合）"来做文字游戏，其历史非常久远。这是由汉字的特性所决定的。当然也可以打破构字符号进行分解。

《玉台新咏》卷十中收录的《古绝句（其一）》是著名的字谜诗。

藁砧今何在，山上复有山。
何当大刀头，破镜飞上天。

起句中“藁砧”的“砧”与“䂬”同义，而“䂬”与“夫”同音，这句是在问夫去了何处。承句中“山”上有“山”，合为“出”字，意思是夫外出了。第三句中写到“大刀头”，古时刀头经常有“环”，“环”与“还”谐音，这句意为夫何时归还。第四句中的“破镜”指弦月，从镜“破”喻示满月转亏来看，可以解释为下弦月的时节。

这首诗构思巧妙，不仅每句是字谜，整首诗也构成一个谜语。“山上复有山”把“出”从当中拆开，构成谜面。在《万叶集》中，这五个字也以汉字的形式出现在和歌中。由此可见日本人很早就接触到这种文字游戏，并加以实践。《古今和歌集》中有文屋康秀的一首和歌：

秋吹草木枯，山风谓之岚。

诗中将“岚”拆解为“山”“风”。《古今和歌集》中还有纪友则的一首和歌：

雪落每木白花开，不折焉知孰为梅。

诗中将“梅”字拆为“木”“每”[5]。

在古典文学的用例之外，当今长寿社会中和“贺寿”相关的词语中也有许多例证。八十八岁寿诞称作“米寿”，是把“米”拆解为“八”“十”“八”；八十岁“伞（仐）寿”、八十一岁“半寿”、九十岁“卒（卆）寿”、一百零八岁“茶寿”都是同类的例子。虽然“小家庭[6]”越来越普遍，但是在当今长寿社会中，这些词语的生命力更加旺盛。从现今“贺寿”的话题出发，向古典文学引导，反而是崭新的教学方式。

在20世纪末，石野真子有一首热门歌曲《春天　啦！啦！啦！》。第一句歌词是：“春字写作三人之日。”所谓“三人之日”，就是把“春”分解成三个单独的汉字，巧思让人叫绝。歌中接着唱道：“是我和你，还有谁的日子？喜欢上你之前，我对他也有点好感哦。”这首歌由伊藤皓（アキラ）

作词，森田公一作曲。

如果再举一些例子，在“立”“木”旁“见（守望）”的人，正是可贵的“亲（親）”。电影《寅次郎的故事》中，介绍妹妹“樱”的名字时，寅次郎有一句著名台词：“二楼的女人叫人惦记（二階の女が気にかかる）。”这与“二贝的女人靠树站着（二貝の女が木にかかる）”谐音，正是把“樱”分解之后做成的字谜。这样记汉字的写法不容易出错。另外，日语以片假名“コロナ”（corona）表示“新冠肺炎”，将三个假名组合起来，恰好是汉字“君”。

《世说新语·简傲》中记录了“吕安题凤”的故事。竹林七贤之一的吕安寻访嵇康而不遇，嵇康之兄嵇喜出门相迎，吕安在门上写了“凤”字就离去了。“凤”（鳳）可拆解为“凡”“鸟”。可以解释为吕安以此影射嵇康，或代为迎客的哥哥嵇喜。凤为百鸟之王，与“凡鸟”构成对比，构思十分巧妙。唐代传奇《谢小娥传》中也有类似的拆字游戏。

谢小娥嫁给段居贞，在各地行船做生意。不料父亲、丈夫、段家兄弟等都被强盗杀害，谢小娥也伤了胸部，折断了脚，侥幸活了下来。父亲和丈夫托梦，告诉她凶手姓名的谜语。解开谜语的是《谢小娥传》的作者李公佐。后来谢小娥女扮男装四处做雇工，混进凶手家，最终报了大仇。谜语中，杀父者是“车（車）中猴，门（門）东草”，杀夫者是“禾中走，一日夫”。“車”去上下两横为“申”，申属猴；草字头下门字加东字，是“兰”（蘭）。“禾中走”即穿田而过，也是“申”字，“一日夫”合起来就是“春”字。凶手即申兰、申春。石野真子的歌曲中把“春”拆为“三人之日”，《谢小娥传》中则把“春”拆为“一日夫”。两者拆解方式不同，都深得汉字“离”之妙趣。另外，毕业于庆应义塾大学中国文学专业的作家柴田炼三郎在小说《红影子》中主人公真田幸村寻宝的部分，也借用了《谢小娥传》中的字谜素材。

解谜游戏富有趣味性，在今天也不过时。以此为出发点，能够与古人进行近距离的心灵交流。

五、汉字词的诞生与意义的理解

“汉字词”由汉字组合而成。把握汉字的意义，重新思考词语的诞生与构成，能够更深入地理解词语。例如“地震”，表示大地震动，是名词加动词的主谓结构。“读书”（読書）是日本人熟知的汉字词，人们一看见它，就能条件反射地联想到词语的意思，比如“读书之秋”。然而根据词语的构成来具体考虑其意义，可以在两个字之间加上“返点”，以汉文训读的方式转换为“書を読む”。如此一来意义就更明了了。了解每个汉字词的构成，重新审视词语，能够更深入地认识汉字词。尤其是人们在小学时学习知识，和进入高中、大学、成人之后重新认知，其分析能力、理解能力存在巨大的差距。随着成长过程中知识的积累，人的分析能力、理解能力也得到提高。以前似解非解的知识，会在这个过程中获得明确的意义。

有时也会发现意外的词义。例如，“民主”一词，有“民主主义”这样的派生词，也出现在多个政党的名称中。它被理解为“民为主”。然而在中国古代的用例中，其含义却并非如此。《春秋左氏传 · 襄公三十一年》中，叔孙豹预言赵孟之死时这样说道：

其语偷，不似民主。

“偷”意为“轻率”，“民主”意为“民之主”，与“君主”同义[7]。这句话的意思是赵孟言语轻率，不像君主的样子。

可见，古代“民主”与现今的意义大相径庭。“民”原本的字形像一个带把手的锥形，也像眼睛被针刺的样子，表示眼盲的奴隶。也就是说所谓“民”指被统治的平民、百姓。文字的构造象征着失明、被剥夺自由的人，这从现今的“民”的意义是无法想象的。“主”是象形文字，指祭坛的灯烛燃烧的样子。“丶”表示燃烧的火焰。“主”原为守护神火者，后转义为主人、君主。将“民主”解释为“民之主”，就让人有些心生抵触了。

不仅如此，对于四字熟语、成语，也有必要了解其起源及根本含义。例如，被问到“旁若无人”是什么意思时，应该怎样回答？当然可以通过查辞典，记住其基本的意思。但是彻底了解词语所表达的意义，也十分重要。通过汉文训读的方法，有时我们能较为迅速地把握词义。例如：

傍若ㇾ無ㇾ人

傍らに人無きがごとし〔若し〕

（如旁边无人一般）

如此一看，想必能恍然领悟其意义吧。在理解汉字词时，我们需要综合运用已有的阅读能力和相关知识。不应将汉文训读的方法束之高阁，而应该利用它帮助我们理解在日常生活中遇到的词语。

中国有众多的成语典故，例如“推敲”的典故。唐代贾岛犹豫不决，是“僧推月下门”好，还是“僧敲月下门”好。他请教已经成名的韩愈，得到的建议是用“敲”，于是欣然采纳。今天，日语中也有“文章を推敲する（推敲文章）”的表达方式。可见区区一个字也具有重要的意义。这也是成语“一字の師（一字之师）”的来历。

辞典中包含了众多信息，不仅可用于检索词义，也可以了解汉字的构成、度量衡、年表等各种信息，是有效的学习工具。

六、句读的恶作剧

汉字包含形、音、义三大要素。唐代“推敲”的典故，便是出自关于“推”“敲”词义的斟酌。然而，汉字的特性之一在于一个汉字包含多种意义，即具有多义性。关于这个问题，《水浒传》第七十九回中有一个典型的例子。

长篇小说《水浒传》是明代四大奇书之一。作品脱胎于“说话”，即口传文学。说书人以“白话”，即口语体讲述故事。谈到汉文，人们很容易联想到《论语》《史记》。但是，《水浒传》的“白话”，与记录孔子言行的《论语》、司马迁撰写的《史记》的“文言体”截然不同。“白话”的“白”意思是以原本的质地示人，不加修饰。“白”还有“建白”的“建言”之义，《假面的告白》[8]、“自白”的“讲述”之义。“白话”和“文言”是中国古代的文章文体中对立的一组概念。但在日本高中教材的古典“汉文”篇目中，基本没有“白话”的原文。本文所讨论的，是《水浒传》中文言体的一段。

《水浒传》讲述昏君无道，以宋江为首的一百零八名好汉“四海之内皆兄弟”，聚义梁山泊，替天行道。“天”指天帝，也指承受天命治理天下的皇帝。代替“天”而行“道”，自然触动皇帝的利益。朝廷派兵镇压，却难以取胜。最后以“招安”的手段使其归顺朝廷，去镇压其他的反叛势力。

书中第七十九回《刘唐放火烧战船 宋江两败高太尉》的后半部分，朝廷派使者带诏书，让屡战屡败的高俅设法招降宋江等好汉。诏书以“文言”写成，日本人可以通过汉文训读的方式阅读。老奸巨猾的老吏王瑾（诨名“剜心王”）向高俅献诡计，将诏书中关键的一句话分成两句读[9]。原文是不加句读的“白文”：“除宋江卢俊义等大小人众所犯过恶并与赦免”。诏书的目的在于招降，因此应该如此解读：

除ニ宋江・
盧俊義等大
小人衆所レ犯
過悪一、並
与ニ赦免一。

除宋江、卢俊义等大小人众所犯过恶，并与赦免。

而王瑾的计谋是将这句话在“除宋江”后分开，句读变成如下所示：

除ニ宋江一、
盧俊義等大小人
衆所レ犯過悪、
並与ニ赦免一。

除宋江，卢俊义等大小人众所犯过恶，并与赦免。

这样句子的意思就完全变了，宋江被排除在赦免对象之外。书中王瑾如此献计：

> 这一句是囫囵话。如今开读时，却分作两句读。将“除宋江”另做一句，“卢俊义等大小人众所犯过恶，并与赦免”另做一句。赚他漏到城里，捉下为头宋江一个，把来杀了。却将他手下众人，尽数拆散，分调开去。

原本第一个字“除”是免除的意思，即免除宋江、卢俊义等人的罪责。但是，在“除宋江”之后断句，就变成“除宋江之外”的意思。“除”变成了“排除”“去除”的意思。诏书的意思也变为“除宋江以外，卢俊义等众人被赦免”。

在“宋江”与“卢俊义等”之间加上句读，文意便大不相同。同样的例子在日语文章中也十分常见，所以在日本也从小学中低年级开始学习断句[10]。王瑾老奸巨猾，如变魔术般把文章解读出其他意思。他的如意算盘是运用起死回生的手段，剪除头领宋江，进而歼灭叛军。

诡计的核心在于“除”字在语境中发生的词义变化。原因在于汉字多义，需要根据上下文确定其意义。查汉和辞典时，几乎每个汉字都有多个释义，经常不知道应该如何选用。这就是汉字的多义性带来的困扰。

《水浒传》中的“除”也不例外。“除”具有赦免、宽恕的意义。词语“免除”的“除”，就是此义。当“除”与其他汉字构成词语时，意义就变得明确。另外，“除”还可表示除去，这通过词语“排除”“除外”就能理解。而且，“除”还有拜官、授予官职的意义。日本平安时代以后任命官职的仪式“除目”便是相应的用例。可见，“除”作为动词具有多种意义。

因为汉字具有多义性，所以使用单个汉字时会出现难以确定意义的现象。王瑾注意到单个的“除”字具有多种意义。反之，组成复合词之后，单个汉字意义的不确定性就消除了，而具有这个复合词整体的意义。通过组成复合词，汉字可以具有明确的意义，这是阅读、解释汉诗文的一个突破口。碰到汉字时如何理解、解释？思考包含该汉字的、符合当前语境的复合词，能提升理解能力。持续做这样的思考训练，对培养日本人汉诗文的阅读能力是有效的[11]。在日常生活中，以这种方法接触汉字、汉字词、汉文，缩小与古典文学的距离，想必能够飞跃性地提升思辨能力。

《水浒传》中的那个故事并不受人褒扬，那只是狡狯的老吏“求生欲”的体现。但那也是着眼于汉字、汉字词语言特征的一种智慧。王瑾满怀恶意的理解，也可以说是在不打破词语规则的同时，进行新的理解和解释。

七、战前、战后的“汉字”（一）

2020 年 8 月 15 日，是日本投降七十五周年。十年之前，文化审议会在 2010 年 6 月 7 日公布了《改定常用汉字表》，同年 11 月 30 日由内阁颁布。第二次世界大战后围绕汉字的讨论由此迎来新的阶段。在讨论《改定常用汉字表》之前，先看看中田祝夫写于 1989 年的《体验汉字不灭——回想战败后的国语问题》[12]。在序章的开头，作者戏谑地写道：

> 都说日本人健忘、乐天。这影射了怎样的事实呢？我不知道准确的答案。然而不久之前——其实也是四十多年前了——在战后被占领的日本，日本曾面临汉字危机，而今天的日本社会已经完全忘记了。

作者围绕“汉字不灭”问题，谈论了日本汉字的历史变迁，追溯限制汉字的意义与过程。文章发表大约二十年后，《改定常用汉字表》问世。从解决战后“汉字危机”的角度来看，《改定常用汉字表》的意义在于终结了限制汉字、废除汉字的论调，具有分水岭的意义。

1946 年 3 月，美国教育使节团在日本结束了为期近一个月的考察，向驻日盟军总司令麦克阿瑟提交了报告书，其中包含将日语罗马字化的建议。日本方面，则在 1945 年 11 月 27 日召开了国语审议会第八次大会，会议认为解决国语问题正是日本重建的基础，汉字复杂，缺乏使用规范，这极大地阻碍了文化的发展，因此开始审议《关于重新审定标准汉字表事宜》。

《标准汉字表》于 1942 年 6 月由国语审议会公布，收录常用汉字 1134

字、准常用汉字1320字、特殊汉字74字，共计2528字。当时该汉字表受到抨击，被认为有废除汉字的企图。文部省取消了汉字的分类，增补141字，公布了包含2669字的《义务教育应习得之汉字概览》。

关于“国字”的论争[13]，可回溯至明治维新之前的1866年。前岛来辅（后改名为前岛密）向幕府将军德川庆喜呈上《汉字废止之议》，开汉字存废之论的先河。明治维新之后，前岛主张为了普及四民平等的国民教育，应该废除汉字，只用假名。1869年，南部义筹向山内丰信建议，废除汉字，采用罗马字。在主张采用假名、罗马字的呼声中，福泽谕吉于1873年发表了《文字之教》，他在序文中指出：

> 日本有假名文字，长久以来与汉字混用，甚为不便。然而自古以来，全国日常书写皆用汉字。因此，立即废止亦造成不便。
>
> （略）
>
> 其用意在于书写文章。留意尽量不写难的汉字。如果不用繁难的汉字，汉字的数量两三千字较为适宜。

福泽谕吉指出，废除汉字存在困难，需要等待时机成熟。为了创造废除汉字的条件，首先是弃用繁难的汉字，把汉字的数量控制在两三千字。他指出：“此书三册[14]使用汉字之词语数不足一千，然于表述并无妨碍。”

福泽谕吉基于废除汉字的理念，主张对汉字的使用进行限制。另外，后来担任首任文部大臣的森有礼提议将英语作为国语。1873年，他在赴美任外交官期间写了*Education in Japan*（《日本的教育》），在书的结尾处提出这一观点。留学英国的马场辰猪对此进行了反驳[15]。

围绕国语问题，各种团体相继成立，有些主张使用假名，有些主张使用罗马字，展开了针锋相对的论争。1900年，时任大阪每日新闻社社长的原敬于1月发表了《汉字减少论》，2月发表了《汉字减少论补遗》，四月发表了《振假名[16]改革论》。同年文部省发布《小学校令施行规则》，第一章第一节第十六条列出1200个汉字，规定“寻常小学教学所用汉字尽量控制在第三号表的范围内”。1902 年，文部省设立国语调查委员会。该委员会作为第一个官方的国语调查机构，对削减汉字、文体、假名使用等问题进行了调查。委员会于 1913 年解散。1921 年 6 月，关心国语国字问题的原敬首相（同年 11 月 4 日被暗杀）内阁在文部省设立临时国语调查会，1923 年 5 月公布了《常用汉字表》，共计 1962 字。

这一《常用汉字表》与现行的《改定常用汉字表》名称相同，实质有异。当时正值削减汉字的风潮高涨之时，新闻界在同年 8 月 6 日发表《宣言》，宣称限制汉字的时机已经成熟，表示将支持并实施临时国语调查会的决定。1925 年 6 月 1 日，十家报纸刊载了《关于限制汉字的宣言》，宣称“以文部省规定的常用汉字为基础，经联合调查，成功将现代报纸使用的约 6000 个汉字削减到约三分之一”，并称限制汉字也适用于广告，“通过限制汉字，广告更平易近人，易读易懂，效果显著”。1931 年 5 月，《常用汉字表》经修订，变为共计 1858 字。

1934 年 12 月设立的国语审议会，是继之前的国语调查委员会、临时国语调查会之后的调查审议机构。针对文部大臣的咨问《关于汉字调查事宜》，该会于 1938 年公布了《汉字字体整理案》，1942 年公布了《标准汉字表》。总之，日本战败之前关于限制汉字的动向一直受到时局左右，暴露的问题也一直延续到战后。

八、战前、战后的“汉字”（二）

1945 年 8 月 15 日，日本投降。时局巨变之中，三个月后的 11 月 27 日，国语审议会第八次大会召开，重新审议战争期间发布的《标准汉字表》。大会对之前文部省独自修订的版本提出疑问，开展了具体的工作。在次年 1946 年 4 月 8 日召开的第十四次委员会选定 1295 字为“常用汉字”。这一版“常用汉字”从《标准汉字表》的“常用汉字”中去除 88 字，采用“准常用汉字”中的 249 字，完全弃用“特殊汉字”。然而，在其后国语审议会召开的第九、第十次（同年 4 月 27 日、5 月 8 日）大会上，该提案并未获得表决通过。大会决定成立“关于汉字的主查委员会”，“常用汉字”

的提案宣告夭折。

新设立的“关于汉字的主查委员会”从6月4日至10月16日每周召开委员会会议，共计召开了二十三次会议。10月1日决定采用“当用汉字表”的名称。11月5日召开的国语审议会第十二次大会上表决通过了1850字的方案并计划向社会公布。这距离战败后召开的国语审议会第八次大会尚不满一年。随后的11月16日，《当用汉字表》与《现代假名用法》（国语审议会第十一次大会通过）一起向社会公布。“当用”表示“当前”“当下”所需的意思。这一名称体现了汉字表将根据限制汉字、废止汉字的发展方向、进展情况而变化。同年4月公布的美国教育使节团的报告书中，建议在一般书面语中全面废除汉字，采用罗马字这一表音文字。

关于九年义务教育中教授的汉字，“用于义务教育的汉字主查委员会”从1946年10月至1947年8月召开了三十三次会议，选定了《当用汉字附表》中的881字。1948年公布了《当用汉字音训表》，次年公布了《当用汉字字体表》。由此明确了字数、具体汉字、音训（读法）、字体的全新框架，并与《现代假名用法》一起成为文字使用规范，从教育界推广到官方文书、报刊、广告等领域。

1950年8月，美国教育使节团第二次访日，同年9月公布了报告书。对于日方通过国语改革，制定《当用汉字音训表》《当用汉字附表》，限制汉字，改良假名用法，推动罗马字的使用与教育的做法予以肯定，不再强调日语全面罗马字化的建议。

使节团态度的转变，与1948年8月驻日盟军总司令部的民间信息教育局实施的“日本人读写能力调查”有关。在文部省、教育研修所（后来的国立教育研究所）的协助下，民间信息教育局对全国270个地方的15~64岁的各阶层人群进行随机调查。结果显示，“不完全文盲”（一个汉字都不会读）率全国平均为2.1%，“完全文盲”（一个假名都不会读）率全国平均为1.6%。15~19岁、20~24岁的人群，两项数据均为0.2%，比例非常低。现实的数据胜于雄辩，日语罗马字化没有获得有力的数据支撑[17]。

1981年，《常用汉字表》颁布，《当用汉字表》结束了它的使命。该表以“当用”为名，在战后延续使用了三十五年。新版《常用汉字表》收录1945字，继承了“当用汉字”的内容，并增加95字。与此同时，“当用汉字”的附表、音训表、字体表也被废止。

《常用汉字表》的序言明确指出：“作为我国的文字表记而广泛使用的汉字假名混合文，对于我国的社会与文化是有效、合适的。今后也有必要充实其功能。”确定日语为“汉字假名混合文”的施政方针受到社会的普遍认可，宣告了战后悬而未决的问题迎来新的时代。然而，在这之后，“常用汉字”也受到了咨问，要求其与社会发展、信息化技术的变革潮流相适应。

九、《改定常用汉字表》的颁布

2010年6月7日，针对文部科学大臣的“汉字政策如何应对信息化时代”的咨问，文化审议会国语分科会汉字小委员会在审议讨论的基础上公布了《改定常用汉字表》。该表以之前的《常用汉字表》为基础，删除5字，增加196字，共2136字，于同年11月30日，由内阁颁布。这是1981年的《常用汉字表》时隔二十九年进行的“改订”，对教育一线产生了很大的影响。在日本国语政策的转变期，检验汉字、汉字词、汉文的教育现状与教学成果的实践情况，对于将来具有重要的意义。

文部科学大臣咨问理由如下：

> 在纷繁多样的社会变化中，伴随着信息化的发展，电脑、手机等信息设备普及，对人们的语言生活，尤其是汉字的使用产生了巨大的影响。《常用汉字表》（1981年内阁颁布、训令）是“一般社会生活中，法令、公文、报纸、杂志、电视节目等场合的现代国语书写的汉字使用标准”。在信息化发展的现在，其是否还能作为“汉字使用标准”充分发挥作用，有必要进行讨论。

信息技术日新月异的时代已经到来。由此产生了对基于旧版《常用汉字表》的语言生活的质疑。我们的确越来越切身地感受到，以往的框架逐渐背离现实的汉字使用情况。

> 讨论《常用汉字表》时，有必要在常用汉字与JIS汉字、用于人名的汉字的关系基础上，从整体的视角考虑日本的汉字，构建综合的汉字政策。因此，有必要针对之前国语政策中没有指示明确方针的专有名词的处理方式，逐步厘清基本思路。

更新常用汉字，首先会影响汉字的显示、印刷、字体，以及人们取新颖名字时用作人名的汉字，还会产生其他诸多连锁反应。IT社会的发展，既给日本汉字带来了限制，也提供了机遇。尤其是“书写”，在日常的语言生活中迎来了巨变。

> 信息设备的大规模普及，一方面造成日常生活中，人们手写文字的机会大为减少。如何定位手写汉字，是信息化发展过程中的重要课题，必须进行探讨。此时，需要从汉字习得与运用的关系、作为重要文化的手写两个方面进行梳理。

在技术日新月异的现在，古代的发明中，指南针被GPS取代，火药被核能取代，活字印刷被便利的打印机取代，面临终结的命运。以印刷为例，现在任何人都能随时便捷地打印。受此影响，许多人不用再为手写是否美观而烦恼。虽然各年龄层情况略有不同，但基本进入打字输入，以及语音输入的时代。憧憬光明未来的同时，人们也不免产生忧虑，“书写”行为、软笔硬笔“书法”的意义，以及“书法”艺术的意义何在，传统的“文房四宝”笔墨纸砚又将何去何从。

《改定常用汉字表》第一章《基本思路》分成以下几节，对修订后的常用汉字表进行说明，回应了文部科学大臣的问题。

> 1. 信息化社会的发展与汉字政策的应有之姿

2. 改定常用汉字表的特点

3. 关于文字、音训的选定

4. 关于增补文字的字体

5. 其他相关事项

（附）关于字体的解释[18]

在一系列说明中，尤其值得注意的是与学校教育的关联，特别是与“书写”行为和新版《学习指导纲要》的关系问题。

《基本思路》第一节“信息化社会的发展与汉字政策的应有之姿”的(4)中，强调了“手写汉字的重要性”。第二节“改定常用汉字表的特点”(1)“基本特点”中有如下表述：

1. 该表彰显以下场合的汉字使用标准：法令、公文、报纸、杂志、电视节目等，一般社会生活中书写现代国语的场合。
2. 不涵盖科学、技术、艺术及其他专业领域，以及个人的书写。但专门领域的术语中与一般社会生活存在密切关系的词语，望参照此表。
3. 该表不包括专有名词，但包括专有名词中公共性较高的词所使用的汉字，比如都道府县名称中使用的汉字。
4. 不排斥以往著作、文书中使用的汉字。
5. 在汉字使用过程中，可根据具体情况，灵活变通。

本节还指出：“该表目的在于确定一般社会生活中汉字使用的标准，不具有限制性，并非仅可使用表中汉字书写文章。根据需要，也可使用表中未列出的汉字，同时以上标假名的方式标注读音。”另外，在文末进行了如下的补充说明：

现今，信息设备的使用已普及化和日常化。基于这样的实际情况，汉字表中列出的汉字不必全部达到会手写的程度，也不做这样的要求。

这是对“手写汉字”非常宽松的应对方式。不仅放宽了一直以来对汉字的限制，还充分考虑了现实生活中的实际情况。“汉字不必全部达到会手写的程度”是否与《学习指导纲要》相抵触，这需要结合学校教育的实际情况进行思考。

十、《学习指导纲要》与汉字学习指导

《改定常用汉字表》公布之时，《学习指导纲要》的修订版也已公示。新版《学习指导纲要》从 2010 年 4 月开始部分施行，即先从小学与初中的算数、数学和理科，小学五、第六年级的外语教学开始施行。小学从 2011 年度开始全面实施；初中从 2012 年度开始全面实施；高中从 2013 年度开始全面施行（部分学科从 2012 年度开始实施）。按照不同阶段规定汉字的学习内容，从小学开始汉字的学习。

第一学年：
学习《附表　各学年汉字分配表》（下文略为《各学年汉字分配表》）第一学年部分的汉字，掌握读法，逐步学会写法，在句子和文章中使用。

第二学年：
学习《各学年汉字分配表》第二学年部分的汉字，掌握读法。掌握第一学年汉字的写法，在句子和文章中使用。逐步学会第二学年汉字的写法，在句子和文章中使用。

第三、第四学年：
掌握至该学年为止的《各学年汉字分配表》中汉字的读法，掌握之前所学汉字的写法，在句子和文章中使用。逐步学会本学年汉字的写法，在句子和文章中使用。

第五、第六学年：

掌握至该学年为止的《各学年汉字分配表》中汉字的读法，掌握之前所学汉字的写法，在句子和文章中使用。逐步学会本学年汉字的写法，在句子和文章中使用。[19]

《各学年汉字分配表》共收录1006个汉字（各学年分配的字数参照本章第三节“汉字的学习”）。小学阶段的汉字学习为之后的教育、学习，以及社会语言生活打下了基础。“掌握读法”“逐步学会写法”“在句子和文章中使用”的表述，或许体现了摒弃填鸭式教学，进行“宽松教育”的考虑。另外，对中、高年级还有以下要求：

第三、第四学年：

了解关于汉字偏旁的知识。

第五、第六学年：

理解假名、汉字的由来与特点等内容。

这体现了培养学生文化修养的意图，使其了解汉字特性、汉字与假名的关系等。

在上述小学阶段的汉字学习的基础上，《学习指导纲要》对初中阶段的学习做了如下规定：

第一学年：

（一）在《小学学习指导纲要》的《各学年汉字分配表》中汉字的基础上，学习250~300个常用汉字。

（二）掌握《各学年汉字分配表》中约900个汉字的写法，在句子和文章中使用。

第二学年：

（一）在第一学年为止学习的汉字的基础上，学习300~350个常用汉字。

（二）掌握《各学年汉字分配表》中汉字的写法，在句子和文章中使用。

第三学年：

（一）在第二学年为止学习的汉字的基础上，基本能读出其他的常用汉字。

（二）《各学年汉字分配表》中列出的汉字，能在句子和文章中熟练使用。[20]

初中三年的学习内容，是以小学的《各学年汉字分配表》为基础，学习《常用汉字表》中其他汉字的读法、写法、用法。第三学年要求"基本能读出其他的常用汉字"，并未对书写提出要求，而是把重点放在"能在句子和文章中熟练使用"上。

小学和初中义务教育阶段结束之后，进入高中阶段的学习。在被提升为"共通必修课程"的"国语综合"的课程说明中，对汉字学习做了简明的要求："熟悉常用汉字的读法，能够书写主要的常用汉字。"[21]《高中学习指导纲要解说·国语篇》对相关内容进行了说明："关于常用汉字的学习指导，需要注意和初中阶段形成内部联系。"[22]文中摘引初中三年的学习内容，帮助理解何为"和初中阶段形成内部联系"。此外，还有如下的说明：

"国语综合"要求在初中所学的基础上，正确使用常用汉字的音训，并能根据语境书写主要的常用汉字。

表述中要求掌握正确的读法和用法，书写的对象则是"主要的常用汉字"。要求学习者具备根据语境书写汉字的能力。而且，在汉字学习指导方面，还强调要意识到汉字的构成、特性以及与其他学科、课程的关联。

> 汉字的学习指导容易流于单调枯燥。因此，可以讲解汉字的构成、特性，提示学生以国语学科为首的各学科的各种课程中有很多以汉字标记的用语，并举出具体的用例，提升学生的学习兴趣。

高中国语学科的其他课程“国语表现”“现代文A”“现代文B”“古典文学A”“古典文学B”，也应该按照“国语综合”的要求进行汉字学习指导。但是改定之后的《常用汉字表》较旧版删除了5字，增加了196字，共2136字。增补的汉字扩充了初中之后开始接触的，所谓“其他的常用汉字”，无疑增加了学习和指导的负担。

如上所述，新版《高中学习指导纲要》在“国语综合”的说明部分提出了“熟悉常用汉字的读法，能够书写主要的常用汉字”的方针。这与《改定常用汉字表》所要求的“汉字不必全部达到会手写的程度”是否矛盾呢？虽然表述上有微妙差异，但“能够书写主要的常用汉字”的确也不是要求书写所有的常用汉字。《改定常用汉字表》第一章《基本思路》第五节“其他相关事项”“（2）学校教育中的汉字指导”中有如下表述：

> 如何继承现行《常用汉字表》的序文中所提的观点[23]，将《改定常用汉字表》的主旨贯彻于学校教育，这一如既往需要依靠教育方面的适当措施。

其中明确显示出不改变既定观点的态度。事实上，在《改定常用汉字表》公布之后，关于教育如何应对的问题，文部科学省小初教育局教育课程科以“针对《改定常用汉字表》内阁告示，进行关于学校汉字教育的调查研究”为主旨，召开了“与《常用汉字表》修订相关的学校教育的专家会议”。前后召开了六次会议（7月7日、7月26日、8月9日、8月31日、9月7日、9月29日），颁布《常用汉字表修订后学校教育的应对策略（要点）》[24]。将增补的196字的读法分配至初中各学年，基于《改定常用汉字表》的新标记，制定了若干应对策略：小学、初中、高中的所有教材从2012年之后适当推进采用新标记；高中与大学入学考试则从 2015 年度开始在《改定常用汉字表》范围内出题等。

在人人都可读大学的时代，有必要考虑经历小学、初中、高中课程进入大学的教育环境。大学入学考试中题目文本的文字、设问的文字，以及尤其是答题时的汉字书写，基本以《改定常用汉字表》为标准，这一框架并没有特别的变化。即使关于汉字的使用范围、出题方法有相应的补充说明，《改定常用汉字表》也已经为学习者确定了大方向。事实上，因为是以“所有汉字”为对象，改定之后汉字数量增加，相应地增加了学习者的负担。增补的 196 个汉字如下：

挨 曖 宛 嵐 畏 萎 椅 彙 茨 咽 淫 唄 鬱 怨 媛 艶 旺 岡 臆 俺 苛
牙 瓦 楷 潰 諧 崖 蓋 骸 柿 顎 葛 釜 鎌 韓 玩 伎 亀 毀 畿 臼
嗅 巾 僅 錦 惧 串 窟 熊 詣 憬 稽 隙 桁 拳 鍵 舷 股 虎 錮 勾 梗
喉 乞 傲 駒 頃 痕 沙 挫 采 塞 埼 柵 刹 拶 斬 恣 摯 餌 鹿 叱 嫉
腫 呪 袖 羞 蹴 憧 拭 尻 芯 腎 須 裾 凄 醒 脊 戚 煎 羨 腺 詮 箋
膳 狙 遡 曽 爽 痩 踪 捉 遜 汰 唾 堆 戴 誰 旦 綻 緻 酎 貼 嘲 捗
椎 爪 鶴 諦 溺 填 妬 賭 藤 瞳 栃 頓 貪 丼 那 奈 梨 謎 鍋 匂 虹
捻 罵 剥 箸 氾 汎 阪 斑 眉 膝 肘 阜 訃 蔽 餅 璧 蔑 哺 蜂 貌 頬
睦 勃 昧 枕 蜜 冥 麺 冶 弥 闇 喩 湧 妖 瘍 沃 拉 辣 藍 璃 慄 侶
瞭 瑠 呂 賂 弄 籠 麓 脇

从笔画上来看，学习难度大的汉字为数不少，如“鬱”多达二十九画。对于学生、老师、家长而言，汉字数量的增加无疑给学习和教学带来了负担和压迫感。《高中学习指导纲要解说 · 国语篇》为规避汉字学习指导的单调性，特意提示关注汉字的构成、特性以及与其他学科、课程词汇的关联，这也是出于打消学习焦虑的考虑吧。现实中的教育指导是否流于形式，能否创造出有机的教学时空，这有待今后的验证。

十一、反观现实生活

汉字存在于我们的日常生活中。我们接触、理解汉字，不轻信自己已经完全明白其意义并重新审视它们。要引发这种积极的兴趣，也许可以借助于时事性话题，或者是逆向思考《常用汉字表》的修订所提示的问题。比如，关于汉字增删，审议过程中曾有这样的讨论。

汉字“俺（我）”不用于文书等公共场合，对于是否要增补存在许多反对的声音，讨论十分激烈。基于“俺”字在 2008 年 7 月书籍、网络及手机的使用率上升的现实，当下的社会语言使用趋势成为决定性因素，2008 年 7 月，“俺”被纳入增补的汉字中。《常用汉字表》修订的主旨在于顺应时代的变化，“俺”的收录也是与主旨相符的结果。

“俺（おれ）”和“私（わたし·わたくし）”“我·吾（われ）”一样，是第一人称代词。汉字写作“俺”“己”。但是在古代日本，曾被用作轻视对方的第二人称代词，汉字写作“爾”“儞”。中世之后开始用于表示第一人称，使用者不分男女贵贱。从用例来看，多用于对方地位与自己相当或比自己低的场合。近世之后作为第一人称代词普遍使用，近世后半期不再有女性使用。现在“俺”是男性用语。汉字“俺”，《说文解字》解释为：“大也。从人奄声。”即表示“大”的意思。清代《康熙字典》解释为：“我也。北人称我曰俺。”可知“俺”在中国古代就用于表示第一人称。

“我、吾（われ）”也用于表示第一人称。但是中世以后，也曾作为对身份较低的人、下级使用的第二人称代词。汉字“我”是象形文字，表示锯齿形开口的“戈”。“我（われ）”之所以表示第一人称，是古代人们因为读音相近而借用了“我（が）”的汉字[25]。

对日语第一人称代词“私”“俺”“我”进行研究，梳理日语人称代词与汉字相关的语言历史，词语便仿佛拥有了鲜活的生命。这也有助于我们以更广阔的视野，对现代日语的词义变化展开考察。

删除的汉字中包含“勺”“匁”等度量衡的文字。原因在于它们在当今社会已经很少使用。这是顺应时代变化的选择，基本不会引发争议。顺便补充说明一下，“匁”是一贯的千分之一，约3.75克；“勺”在日本是一升的百分之一、一合的十分之一，约18毫升。

度量衡中的“度”指长度，“量”指体积、容积，“衡”指重量、质量。同时也指测量的工具，“度”指尺，“量”指升，“衡”指秤。所谓的“尺贯法”是日本古代的度量衡，以“尺”为长度单位，“贯”为质量单位，“升”为体积单位。明治维新之后，1885年（明治十八年），日本加入国际性的米制公约，1891年制定度量衡法，根据米原器、千克原器定义了尺、坪、升、贯的单位，也认可以公制进行测量[26]。尺贯法与公制并存了六十五年。1958年，日本废止尺贯法，全面实施公制。现在日本通常使用MKSA（米、千克、秒、安培）单位制。正式场合不使用“尺贯法”。但是实际生活中，代表性的度量单位“尺、寸、坪、升、合、贯”依然存在，使用的机会并不少。这些汉字都被收入《常用汉字表》。

“尺”在日本的用例中有“不合间尺”的说法，表示不划算的意思。“间尺”是木匠的用语，表示尺寸。按照日本的尺贯法，一尺约30.3厘米，一间为六尺，约180厘米。“尺”为象形文字，表示张开拇指和其余四指测量长度的样子。以手为尺的“一尺”，在中国古代为23厘米多，大约相当于左右手十指并拢的宽度。因此，“一寸”相当于一指的宽度，为2厘米多。十指宽度“十寸”即“一尺”。这种长度单位，多由用身体部位进行测量而来。

词语“方寸”表示一寸见方的意思，指心脏、心。“乱了方寸”指心烦意乱，没有主见。“寸心”也表示心的意思。“寸铁”表示极短小的兵器。“寸铁杀人”出自南宋罗大经的《鹤林玉露》，表示寸铁般精炼的话语，能够击中要害。日本演变为“寸铁刺人”。日本的成语中还有“一寸之外即黑暗”，其中的“一寸”表示面前极短的距离。日本的“一寸”大约3厘米。民间传说《一寸法师》便是因主人公的身高而得名。

“裸一贯”指除了自己的身体别无他物，是白手起家的意思。“一贯”相当于刚出生的婴儿的体重。该词表示只要具备这样的体格，以后就能茁壮成长、平安生活的意思。四贯约15千克，一贯约3.75千克。和现在婴儿的平均体重相比，似乎相当重，但可以认为这是当时新生儿的平均体重。

当今，低出生体重的新生儿数量增多。前沿医学从表观遗传学（Epigenetics）的视角指出，出生体重与发育、生活习惯病之间存在关联[27]。这也是与保健体育教育相关的重要话题。

我们应如何面对与我们日常生活息息相关的汉字、汉字词、汉文？仅仅依靠学校教育，无法与之深入接触。我们更应该运用习得的“知”，去面对新遇见的现象。在生活的深层体验“知”，使“知”更为丰富。当我们用电脑的文字处理软件写文章时，不免会输入错误。但是，我们要避免文字选择和转换中发生错误。不只是简单地选择文字输入时必须思考文字的意义。即便只是稍微与汉字、汉字词、汉文变得亲近，也能使思考得到飞跃吧。试错是常有的事。以上的建议如果能起到“抛砖引玉”的作用，笔者将深感欣慰。

注释：

1. 译注：原文为“汉语”。日语中“汉语”表示多音节汉字词。
2. 评估对象为15岁的学生，从2000年起每三年评估一次。
3. 《朝日新闻》2008年8月26日朝刊“我的观点”专栏。
4. 顺便一提，“私（我）”的训读只列出了“わたくし”。
5. 远藤邦基《字体分析的语言游戏——以汉字的合字、分字为中心》（《国语文字史研究七》，国语文字史研究会，和泉书院，2003年11月）。
6. 译注：又名“核心家庭”，是“nuclear family”的日译词，指仅由父母和子女组成的家庭，与传统的数代同堂的“大家庭”相对。
7. 狭间直树《“民主”与democracy》（《京大广报》六一九号，2007年1月）。论文中分析了中国近代文献中出现的“民主”的意义。
8. 译注：日本现代作家三岛由纪夫的长篇小说。
9. 诏书全文出现在第八十回，由使者当着宋江等人的面宣读。
10. 《小学学习指导纲要》第二章《各学科》第一节“国语”第二小节“各学年的目标及内容”中，要求一、二年级学生“理解加句读的方法、引号的用法并用于文章中”，要求三、四年级学生“适当添加句读，在必要的位置，如段落的开头、会话等部分换行”。
11. 汤浅廉孙《初学汉文解释中连文之利用》，文求堂书店，1941年11月（改版《汉文解释中连文的利用》，朋友书店，1980年11月）。
12. 收录于《汉字讲座》第十一卷《汉字与国语问题》，明治书院，1989年6月。
13. 野村敏夫《国语政策的战后史》，大修馆书店，2006年11月。具体考证参见：序章《日语的发展与国语政策》第二节“前史——明治至战争期间的国语政策概观”、第一章《战后国语政策》第一节“战后国语改革的起步”和第二节“‘当用汉字表体制’的确立”。

14. 指《第一文字之教》《第二文字之教》《文字之教附录 书信之文》和式装帧本三册。参见庆应义塾大学图书馆电子数据库“福泽相关文书”（微缩胶片版）。

15. 当时留学英国的马场辰猪在1873年出版的 *An Elementary Grammar of the Japanese Language With Easy Progressive Exercises*（《日语初级语法书》）的序言中，反驳了森有礼将英语作为国语的论调。参见中须贺德行《母语自卑情结与语言分裂国家：关于马场辰猪对森有礼的反驳》(《岐阜大学留学生中心纪要》No.2001，2002年3月)，山井德行《国语外语化论再考 I——关于森有礼的“国语英语化论”与志贺直哉的“国语法语化论”》(《名古屋女子大学纪要》第五十号〔人文·社会篇〕，2004年3月)。

16. 译注：标注在汉字旁边，标示读音的假名。

17. 被选为调研成员的柴田武当年29岁，是东京大学的助教。他拟定了汉字测试题。抽选调查对象的工作由林知己夫负责。柴田武日后回忆，驻日盟军的学者约翰·坎贝尔·佩尔泽尔曾暗示他篡改调查结果，而他拒绝歪曲事实，参见《无法扭曲的数字 汉字得救》(《朝日新闻》2008年12月5日晚报《日本人脉记·测量民心⑥》栏目)。参与抽样调查的高仓节子在《关于〈日本人读写能力调查〉》(《日本舆论调查协会法》第101号，2008年3月）中说明了当时的情况：为保证调查结果的准确性，应确保17100个样本，考虑到调查对象可能缺席的情况，得出了须获得21008个样本的结论。中田祝夫也在前述文章中指出：“真相在于，驻日盟军和使节团也开始注意到，表意文字的汉字与表音文字的假名相得益彰，可以在表意文字旁边标注假名这一点具有优势。”

18. 《基本思路》中，1“信息化社会的发展与汉字政策的应有之姿”构成如下：（1）“改定常用汉字表的制定过程”、（2）“作为国语政策的汉字表的必要性”、（3）“JIS汉字与作为国语政策的汉字表”、（4）“手写汉字的重要性”、（5）“取名所用汉字”、（6）“关于专有名词字体的看法”。2“改定常用汉字表的特点”构成如下：（1）“基本特点”、（2）“专有名词所用汉字”。3“关于文字、音训的选定”构成如下：（1）“关于选定文字的考虑、选定的步骤”、（2）“选定文字的判断依据与讨论的结果”、（3）“选定文字过程中讨论的相关问题”、（4）“音训的选定”。4“关于增补文字的字体”构成如下：（1）“关于字体、书写体、字形”、（2）“关于增补文字字体的看法”、（3）“针对手写字形的对策等”。5“其他相关事项”构成如下：（1）“关于定期重新审视汉字政策”、（2）“学校教育中的汉字指导”、（3）“国语表记的基准等”。

19. 摘录自《小学学习指导纲要》（2008年3月）第二章《各学科》第一节“国语”第二小节“各学年的目标及内容”中，各个学年“关于传统语言文化与国语特点的事项”中的“关于汉字的事项”。《小学学习指导纲要解说·国语篇》（2008年6月）第一章《总说》第三节“国语学科改订要点”（7）“文字指导内容的改革”做了如下解释：“汉字指导的改革，重视汉字在日常生活、其他学科中的使用情况，以及对读书活动的作用。汉字读法的指导，与以往一样按《各学年汉字分配表》指导该学年的汉字学习，也注意让学生有更多机会接触高学年的汉字、《各学年汉字分配表》之外的常用汉字，为方便阅读，按需要标注假名。汉字写法的指导，与以往一样努力使学生在进入下一学年之前掌握汉字写法，同时也注意让学生在本学年就学会目标汉字的写法，在句子和文章中使用。重视日常生活中的使用，在作文中反复练习，根据学生的习得情况进行指导。”

20. 摘录自《初中学习指导纲要》（2008 年 3 月）第二章《各学科》第一节“国语”第二小节“各学年的目标及内容”中，各个学年“关于传统语言文化与国语特点的事项”中的“关于汉字的事项”。《初中学习指导纲要解说・国语篇》（2008 年 7 月）第一章《总说》第三节“国语学科改订要点”（7）“汉字指导内容的改革”做了如下解释：“关于汉字的学习指导，将原本属于第三学年指导事项的‘掌握《各学年汉字分配表》中汉字的写法，在句子和文章中使用’调整至第二学年。第三学年增加‘《各学年汉字分配表》中列出的汉字，能在句子和文章中熟练使用’的要求。第三学年的指导要求是，能够在多样的语句、语境中使用到第二学年为止学会书写的汉字。”
21. 摘录自《高中学习指导纲要》（2009 年 3 月）第二章《各类高中的共通课程》第一节“国语”第 2 款第 1 条“国语综合”之“关于传统语言文化与国语特点的事项”中的“关于汉字的事项”。
22. 摘录自《高中学习指导纲要解说・国语篇》（2009 年 12 月）第二章《国语学科的各课程》第一节“国语综合”中，“关于传统语言文化与国语特点的事项”之“关于汉字的事项”中的“关于常用汉字读写的事项”。
23. 1981 年 3 月 23 日国语审议会答申《常用汉字表》序文中指出：“如说明所示，《常用汉字表》是作为一般社会生活中使用汉字的标准而制定的。希望在学校教育中考虑《常用汉字表》的主旨、内容进行适当的汉字教育。而且，在义务教育阶段的汉字指导，不必将《常用汉字表》中列举的所有汉字作为学习对象。可参照以往的汉字教育，充分考虑学生各阶段的实际情况，施以其他适当的教育方式。”
24. 《读卖新闻》2010 年 9 月 8 日朝刊介绍了专家会议第五次会议的审议内容。在“小学不教授新常用汉字表，初中教授读法”的条目下，报道了如下内容：“专家会议基于种种原因，如（1）下年度开始小学全面施行新版《小学学习指导纲要》，（2）明年春天开始使用的教科书已审定完毕，确定暂时不进行调整。新增补的 196 个汉字的读法，分配至初中各学年。新汉字导入教科书的年度、在考试中用新汉字出题的解禁时期，待今后审议。”2017 年 3 月，新版《小学学习指导纲要》颁布，《各学年汉字分配表》中四年级新增“都道府县名所用汉字”20 个（茨・媛・岡・潟・岐・熊・香・佐・埼・崎・滋・鹿・縄・井・沖・栃・奈・梨・阪・阜）；调整了四、五、六年级的 37 个汉字的学年分配［五年级→四年级：賀・群・徳・富（四字）、六年级→四年级：城（一字）、四年级→五年级：囲・紀・喜・救・型・航・告・殺・士・史・象・賞・貯・停・堂・得・毒・費・粉・脈・歴（二十一字）、四年级→六年级：胃・腸（二字）、五年级→六年级：恩・券・承・舌・銭・退・敵・俵・預（九字）］。各学年分配的字数也相应发生变化：四年级 202 字、五年级 193 字、六年级 191 字。《各学年汉字分配表》总字数变为 1026 字。而且，在 2020 年全面实施之前，于 2018 年、2019 年度对四年级，2019 年度对五年级，进行基于新分配表的汉字指导，制定《过渡期间的特例（汉字学习）》。经过调整之后，《改定常用汉字表》的 2136 字中，小学阶段学习 1026 字，中学阶段学习 1110 字。

25. 关于“おれ”“われ”，参照《日本国语大辞典》等资料。
26. 随着米制法的引入，原有的汉字被用于表示新的基本单位，如“米、瓦、立”。“米”是音译词“米突”、“瓦”是音译词“瓦兰姆”、“立”是音译词“立脱耳”“立突”的缩写。日本还新造了一系列汉字，如“粁粨粍糎粍”“瓩瓸瓰瓼甅瓱”“竏竡竍竰竓”，作为辅助单位。
27. 坂爪一幸编著《思考“食”与发育以及健康》（《早稻田教育小册子》No.4），学文社，2009 年 3 月。文中指出：近年儿童发育不良有增多的趋势，原因在于低出生体重的婴儿增多，孕期营养不足对婴儿出生后的发育及健康造成了不良影响。

后　记

早稻田大学附近有一座名为穴八幡宫的神社，巨大的鸟居[1]正对着马场下町的路口。穴八幡宫以“一阳来复”护身符和“封虫”（保佑幼儿不夜啼）很灵验而知名。“一阳来复”出自《易经·复卦》，表示六爻从全为阴爻转为出现一个阳爻。“复卦”是冬至的卦。从冬至到立春前一天的节分，可从穴八幡宫请“一阳来复”的护身符，然后在除夕或节分的深夜十二点，贴在新年的吉位。往年每逢年末，去穴八幡宫参拜的游客乘公交车到早稻田大学正门，交通十分拥挤。神社内也摆设了许多售货摊位，人头攒动。在新冠肺炎疫情肆虐的现在，却看不到那种热闹的日常景象了。

本书的撰写，都是在新冠肺炎疫情期间推进的。本书能够顺利完成，有赖于教育综合研究所事务局的堀田浩太郎、山口香苗，以及田中千津子女士等诸位的帮助。在此谨表谢忱。

每年，冬至之前，大学便进入年末年初的停课阶段，立春前的节分时节，期末考试已经结束。很多学生可能看不到早稻田的这一特别的风景就毕业了。在人们倡导学习传统文化的现在，笔者在冬季的授课中讲着这样的内容。当学生们走上社会，成家立业，也许有人会将穴八幡宫视为“封虫”、招福的神社。另外，“一阳来复”看似与IT社会没有关系。但是据说，计算机的二进制起源于《易经》的卦象。《易经》传播到欧洲之后，两个短横构成的阴爻记为“0”，长横构成的阳爻记为“1”。这也许可以成为“综合学习”“综合探究课程”的素材吧。

本书如能为读者所见，并应用于教育实践，则是笔者的荣幸。

堀　诚

2021年2月2日

睽违一百二十四年的节分[2]

注释

1　译注：日本神社的附属建筑，表示神域的入口，形状类似牌坊，多为木制。

2　译注：“节分”起源自中国，为立春前一天，一般是每年的2月3日。2021年的节分在2月2日，上一次2月2日节分出现在一百二十四年前的1897年。

附录：日本各学年汉字分配表[1]

第一学年	一	右	雨	円	王	音	下	火	花	貝	学	気	九	休	玉
	金	空	月	犬	見	五	口	校	左	三	山	子	四	糸	字
	耳	七	車	手	十	出	女	小	上	森	人	水	正	生	青
	夕	石	赤	千	川	先	早	草	足	村	大	男	竹	中	虫
	町	天	田	土	二	日	入	年	白	八	百	文	木	本	名
	目	立	力	林	六										(80 字)
第二学年	引	羽	雲	園	遠	何	科	夏	家	歌	画	回	会	海	絵
	外	角	楽	活	間	丸	岩	顔	汽	記	帰	弓	牛	魚	京
	強	教	近	兄	形	計	元	言	原	戸	古	午	後	語	工
	公	広	交	光	考	行	高	黄	合	谷	国	黒	今	才	細
	作	算	止	市	矢	姉	思	紙	寺	自	時	室	社	弱	首
	秋	週	春	書	少	場	色	食	心	新	親	図	数	西	声
	星	晴	切	雪	船	線	前	組	走	多	太	体	台	地	池
	知	茶	昼	長	鳥	朝	直	通	弟	店	点	電	刀	冬	当
	東	答	頭	同	道	読	内	南	肉	馬	売	買	麦	半	番
	父	風	分	聞	米	歩	母	方	北	毎	妹	万	明	鳴	毛
	門	夜	野	友	用	曜	来	里	理	話					(160 字)
第三学年	悪	安	暗	医	委	意	育	員	院	飲	運	泳	駅	央	横
	屋	温	化	荷	界	開	階	寒	感	漢	館	岸	起	期	客
	究	急	級	宮	球	去	橋	業	曲	局	銀	区	苦	具	君
	係	軽	血	決	研	県	庫	湖	向	幸	港	号	根	祭	皿
	仕	死	使	始	指	歯	詩	次	事	持	式	実	写	者	主
	守	取	酒	受	州	拾	終	習	集	住	重	宿	所	暑	助
	昭	消	商	章	勝	乗	植	申	身	神	真	深	進	世	整
	昔	全	相	送	想	息	速	族	他	打	対	待	代	第	題
	炭	短	談	着	注	柱	丁	帳	調	追	定	庭	笛	鉄	転
	都	度	投	豆	島	湯	登	等	動	童	農	波	配	倍	箱
	畑	発	反	坂	板	皮	悲	美	鼻	筆	氷	表	秒	病	品
	負	部	服	福	物	平	返	勉	放	味	命	面	問	役	薬
	由	油	有	遊	予	羊	洋	葉	陽	様	落	流	旅	両	緑
	礼	列	練	路	和										(200 字)

第四学年	愛	案	以	衣	位	茨	印	英	栄	媛	塩	岡	億	加	果
	貨	課	芽	賀	改	械	害	街	各	覚	潟	完	官	管	関
	観	願	岐	希	季	旗	器	機	議	求	泣	給	挙	漁	共
	協	鏡	競	極	熊	訓	軍	郡	群	径	景	芸	欠	結	建
	健	験	固	功	好	香	候	康	佐	差	菜	最	埼	材	崎
	昨	札	刷	察	参	産	散	残	氏	司	試	児	治	滋	辞
	鹿	失	借	種	周	祝	順	初	松	笑	唱	焼	照	城	縄
	臣	信	井	成	省	清	静	席	積	折	節	説	浅	戦	選
	然	争	倉	巣	束	側	続	卒	孫	帯	隊	達	単	置	仲
	沖	兆	低	底	的	典	伝	徒	努	灯	働	特	徳	栃	奈
	梨	熱	念	敗	梅	博	阪	飯	飛	必	票	標	不	夫	付
	府	阜	富	副	兵	別	辺	変	便	包	法	望	牧	末	満
	未	民	無	約	勇	要	養	浴	利	陸	良	料	量	輪	類
	令	冷	例	連	老	労	録								(202字)
第五学年	圧	囲	移	因	永	営	衛	易	益	液	演	応	往	桜	可
	仮	価	河	過	快	解	格	確	額	刊	幹	慣	眼	紀	基
	寄	規	喜	技	義	逆	久	旧	救	居	許	境	均	禁	句
	型	経	潔	件	険	検	限	現	減	故	個	護	効	厚	耕
	航	鉱	構	興	講	告	混	査	再	災	妻	採	際	在	財
	罪	殺	雑	酸	賛	士	支	史	志	枝	師	資	飼	示	似
	識	質	舎	謝	授	修	述	術	準	序	招	証	象	賞	条
	状	常	情	織	職	制	性	政	勢	精	製	税	責	績	接
	設	絶	祖	素	総	造	像	増	則	測	属	率	損	貸	態
	団	断	築	貯	張	停	提	程	適	統	堂	銅	導	得	毒
	独	任	燃	能	破	犯	判	版	比	肥	非	費	備	評	貧
	布	婦	武	復	複	仏	粉	編	弁	保	墓	報	豊	防	貿
	暴	脈	務	夢	迷	綿	輸	余	容	略	留	領	歴		(193字)
第六学年	胃	異	遺	域	宇	映	延	沿	恩	我	灰	拡	革	閣	割
	株	干	巻	看	簡	危	机	揮	貴	疑	吸	供	胸	郷	勤
	筋	系	敬	警	劇	激	穴	券	絹	権	憲	源	厳	己	呼
	誤	后	孝	皇	紅	降	鋼	刻	穀	骨	困	砂	座	済	裁
	策	冊	蚕	至	私	姿	視	詞	誌	磁	射	捨	尺	若	樹
	収	宗	就	衆	従	縦	縮	熟	純	処	署	諸	除	承	将
	傷	障	蒸	針	仁	垂	推	寸	盛	聖	誠	舌	宣	専	泉

洗	染	銭	善	奏	窓	創	装	層	操	蔵	臓	存	尊	退
宅	担	探	誕	段	暖	値	宙	忠	著	庁	頂	腸	潮	賃
痛	敵	展	討	党	糖	届	難	乳	認	納	脳	派	拝	背
肺	俳	班	晩	否	批	秘	俵	腹	奮	並	陛	閉	片	補
暮	宝	訪	亡	忘	棒	枚	幕	密	盟	模	訳	郵	優	預
幼	欲	翌	乱	卵	覧	裏	律	臨	朗	論				(191字)

注释

1 译注：参见第十二章第24条注释。